인생이 즐거워지고 비즈니스가 풍요로워지는 SNS소통연구소 교육 소개

▶ SNS소통연구소는 2010년 3월부터 뉴미디어 마케팅 교육(스마트폰, SNS마케팅, 유튜브 크리에이터, 프리젠테이션, 컴퓨터 활용 등)을 진행해오고 있으며 3,900여 명의 스마트폰활용 지도사를 양성해오고 있으며 전국 79개의 지부 및 지국을 운영 해오고 있습니다.

▶ **교육 문의** : 02-747-3265 / 010-9967-6654   ▶ **이메일** : snsforyou@gmail.com

현재 전국에 수백 명의 스마트폰 활용지도사 자격증을 취득한 뉴미디어 마케팅 전문 강사들이 강사로 활동 중에 있습니다.

▶ 스마트폰 활용지도사 2급 및 1급 자격증
- 스마트폰 기본 활용부터 스마트폰 UCC, 스마트폰 카메라, 스마트워크, 스마트폰 마케팅 교육 등 스마트폰 전문강사를 양성하고 있습니다.

▶ 유튜브 크리에이터 전문지도사 2급 및 1급 자격증
- 유튜브 기본 활용부터 실전 유튜브 마케팅까지 실질적으로 도움이 되고 돈이 되는 교육을 실시하고 있습니다.

▶ SNS마케팅 전문지도사 2급 및 1급 자격증
- 다양한 SNS채널을 활용해서 고객을 유혹하고 매출을 증대시킬 수 있는 실전 노하우와 SNS마케팅 효과를 극대화하기 위한 광고 전략 교육을 하고 있습니다.

▶ 프리젠테이션 전문지도사 2급 및 1급 자격증
- 기업체에서 발표자료를 만들거나 제안서를 만들 때 꼭 알고 활용해야 할 프리젠테이션 제작 노하우 를 중점적으로 교육하고 있습니다.

▶ 스마트워크 전문지도사 2급 및 1급 자격증
- 스마트폰 및 SNS를 활용해서 실전에 꼭 필요한 기능과 업무효율을 높일 수 있는 노하우에 대해서 교육을 진행하고 있습니다.

▶ 디지털문해교육전문지도사 2급 및 1급
- 남녀노소 할것없이 디지털리터러시 능력을 갖추어야 하는 시대입니다. 이는 디지털 시대에 필수 적인 기술로, 인터넷 검색, 정보평가, 온라인 커뮤니케이션, 사이버보안 등 다양한 측면을 포함합 니다. 디지털 강사들이 제대로 알고 전달해야 할 정보들에 대해서 집중적으로 교육하고 있습니다.

스마트폰활용지도사가 즐거운 대한민국을 만들어 갑니다!

대한민국 국민 5,162만 명!
이동전화 가입자 수 7,600만 대!

대한민국 남녀노소 누구나 스마트폰을 잘 사용하고 있다고 생각하지만, 대부분은 제대로 활용을 못 하는 것이 현실입니다.

또한, 어르신들은 젊은 사람들은 스마트폰을 다 잘 사용하고 있다고 생각을 하고 계시지만 현실은 그렇지 않습니다.

학생들은 스마트폰을 어떻게 제대로 활용하면 공부하는 데 도움이 되는지, 직장인들은 업무에 스마트폰을 활용하면 어떻게 스마트워크 시스템을 제대로 구축할 수 있는지, 사업하는 사장님들은 스마트폰을 활용하면 어떻게 일의 효율성과 효과성을 극대화할 수 있는지 제대로 알고 활용하는 사람들은 많지 않습니다.

실제로 SNS소통연구소 교육장에 오시는 분들이든 각 지역에서 스마트폰 활용 교육을 받으시는 분들은 자신들이 어느 정도 스마트폰을 잘 사용하고 있는 거 같다고 말하지만, 대부분은 수업을 받아보시면 "내가 지금까지 스마트폰 사용을 제대로 못 하고 있었구나!"라고 생각을 하십니다.

이 책은 스마트폰을 제대로 사용하고 싶으신 분들에게 친절한 길라잡이 역할을 하는 데 도움을 드릴 수 있으며 가족 및 세대 간의 소통을 원활히 하시는 데도 많은 도움을 드릴 수 있다고 자부합니다.

비싼 스마트폰으로 할 수 있는 일들이 무궁무진한데 대부분의 사람들이 제대로 활용을 못 하는 가장 큰 이유는 스마트폰을 제대로 알려주는 기관이나 제대로 교육해 주는 강사 분들이 많지 않기 때문일 것입니다.

이런 이유로 SNS소통연구소에서는 스마트폰 활용지도사 선생님들을 양성해서 많은 분들에게 제대로 스마트폰 활용을 할 수 있도록 스마트폰 활용 교육을 전문적으로 하고 있습니다.

전문적으로 스마트폰 활용 교육 강사를 양성하다 보니 강사들에게 무엇이 필요한지 데이터가 쌓이고 그 데이터를 바탕으로 이 책이 집필되었습니다.

많은 강사분들이 십시일반으로 이 책을 공저하면서 스마트폰 활용에 대해서 앞으로 더 디테일하게 카테고리를 구분해서 책을 출간해야 되겠다 라는 생각을 가지게 됩니다.

앞으로의 부국(富國)은 자원이 많은 나라보다도 국민 개개인의 지식수준이 높은 나라가 부국이 된다고 합니다.
스마트폰은 제2의 두뇌라고 할 정도로 요즘은 스마트폰만 제대로 활용해도 자신이 궁금하거나 찾고 싶은 정보를 바로바로 해결할 수 있습니다. 이제 과학자와 의사가 종사하는 분야 외에 암기하거나 분석을 하는 분야는 대학의 학과가 필요 없다고 할 정도입니다.

이처럼 세상은 우리가 바쁘게 살아가는 동안 우리가 모르는 사이에 너무나도 빠르게 변화해가고 있습니다.

실질적으로 스마트폰을 제대로 배우고 익혀야 할 사람들은 다름 아닌 선생님들과 학부모들일 것입니다. 선생님과 학부모들은 아이들의 미래를 같이 고민하고 가이드 역할을 해줘야 할 책임과 의무가 있는데 현재 대한민국 사회를 보면 사회구조 자체가 과거의 방식으로 아이들의 교육과 진로를 고민하기에 아이들의 다양성을 인정하지 못하는 경우가 많습니다.

요즘 번역 앱들의 경우 정확도가 너무 좋아서 외국인과 단체방을 만들어서 각자 나라말로 대화를 하면 각자 나라의 언어로 자동 번역을 해가면서 대화를 할 수 있습니다. 과거에는 상상도 못 할 일들이 단순히 스마트폰만 제대로 활용해도 실현이 되는 세상입니다.

이제는 영어 사교육비에 돈을 많이 쓰는 것이 아니라 진정 아이들의 창의성을 키워줄 분야에 돈을 투자해야 할 것입니다. 진정 스마트폰 제대로 배우고 익히시면 인생이 즐거워지고 비즈니스가 풍요로워지십니다!

공공기관이나 기업에서도 업무효율을 높일 수 있는 방법이 무궁무진한데 스마트폰 활용에 대해서는 별 관심이 없고 자기가 기존에 하던 방식으로 업무처리를 하다 보니 업무효율을 극대화해야 하는 중소기업이나 소상공인들은 갈수록 힘들어지고 있습니다.

이젠 대한민국을 넘어 전 세계가 스마트폰 활용에 대해서 제대로 배우고 익혀야 할 시대입니다.

이 책이 많은 분들에게 인생의 등불이 되고 즐거움을 선물해주는 도구로 사용되었으면 하는 바람이 간절합니다.

★ 스마트폰 활용지도사 자격증에 대해서 아시나요?
(과학기술정보통신부가 검증하고 한국직업능력개발원이 관리하는
스마트폰 자격증 취득에 관심 있으신 분들은 살펴보세요.)

★ 상담 문의
이종구 010-9967-6654
E-mail : snsforyou@gmail.com
카톡 ID : snsforyou

★ 스마트폰 활용지도사 1급
- 해당 등급의 직무내용
초/중/고/대학생 및 성인 남녀노소 누구에게나 스마트폰 활용교육 및 SNS 기본 교육을 실시할 수 있습니다.
개인 및 소기업이 브랜딩 전략을 구축하는 데 있어 저렴한 비용을 들여 브랜딩 및 모바일 마케팅 전략을 구축할 수 있도록
필요한 교육을 할 수 있습니다.

★ 스마트폰 활용지도사 2급
- 해당 등급의 직무내용
시니어 실버분들에게 스마트는 활용교육을 실시할 수 있습니다. 개인 및 소기업이 모바일 마케팅 전략을 구축하는데 있어
기본적인 교육을 할 수 있습니다. 1인 기업 및 소기업이 스마트워크 시스템을 구축하는데 제반 사항을 교육할 수 있습니다.

1등 바씨! 스마트폰 제대로 활용하기!

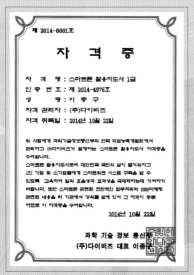

★ 시험 일시 : 매월 둘째 주, 넷째 주 일요일 5시부터 6시까지 1시간
★ 시험 과목 : 2급 - 스마트폰 활용 분야 / 1급 - 스마트폰 SNS마케팅
★ 합격점수 : 1급 - 80점 이상(총 50문제 각 2점씩 100점 만점에 80점 이상
　　　　　　　　　　　 주관식 10문제 포함)
　　　　　　　 2급 - 80점 이상(총 50문제 각 2점씩 100점 만점에 80점 이상)

★ 시험대비 공부방법
1. 스마트폰 활용지도사 2급 교재 구입 후 공부하기
2. 정규수업 참여해서 공부하기
3. 유튜브에서 [스마트폰 활용지도사] 채널 검색 후 관련 영상 시청하기

★ 시험대비 교육일정
1. 매월 정규 교육을 SNS소통연구소 전국 지부에서 실시하고 있습니다.
2. 스마트폰 활용지도사 SNS소통연구소 블로그
　　(blog.naver.com/urisesang71) 참고하기
3. 소통대학교 사이트 참조 (www.snswork.com)
4. NAVER 검색창에 (SNS소통연구소)라고 검색하세요!

★ 스마트폰 활용지도사 자격증 취득 시 혜택
1. SNS 상생평생교육원 스마트폰 활용 교육 강사 위촉
2. SNS소통연구소 스마트폰 활용 교육 강사 위촉
3. 스마트 소통 봉사단에서 교육받을 수 있는 자격부여
4. SNS 및 스마트폰 관련 자료 공유
5. 매월 1회 세미나 참여 (정보공유가 목적)
6. 향후 일정 수준이 도달하면 기업제 및 단체 출강 가능
7. 그 외 다양한 혜택 수여

★ 시험 응시료 : 3만원
★ 자격증 발급비 : 7만원

1. 일반 플라스틱 자격증.
2. 종이 자격증 및 우단 케이스 제공.
3. 스마트폰 활용지도사 강의자료
　　제공비 포함.

유튜브 크리에이터 전문 지도사 시험

매월 1째,3째 일요일
오후 5시부터 6시까지

유튜브 크리에이터 전문 지도사가
즐거운 대한민국을 만들어갑니다!

● 자격명 : 유튜브 크리에이터 전문 지도사 2급 및 1급

● 자격의 종류 : 등록(비공인) 민간자격

● 등록번호 : 제 2020-003915 호

● 자격 발급 기관 : 에스엔에스소통연구소

● 총 비용 : 100,000원

● 환불규정
①접수마감 전까지 100% 환불 가능(시험일자 기준 7일전)
②검정 당일 취소 시 30% 공제 후 환불 가능

● 시험문의
SNS 소통연구소 이종구 소장 : 010-9967-6654

1등 비서! 스마트폰 제대로 활용하기!

업무효율 200% 향상시키는 스마트워크 책
(스마트워크 전문지도사 2급 교재)

**스마트폰 SNS마케팅
교육 전문가 양성 과정 책**
(스마트폰 활용지도사 1급 교재)

**UCC제작과 유튜브 크리에이터
양성을 위한 책**
(유튜브 크리에이터 전문지도사
2급 및 1급 교재)

**스마트폰 유튜브 마케팅
교육전문가 양성 과정 책**
(유튜브 크리에이터 전문지도사
2급 교재)

SNS소통연구소 지부 및 지국 활성화

2010년 3월부터 교육을 시작한 SNS소통연구소는
현재 전국에 79개의 지부 및 지국을 운영 중

스마트폰 활용지도사
(국내 최초! 국내 최고!)

2014년 10월 스마트폰 활용지도사 민간 자격증 취득
2급과 1급 과정을 운영 중이며 현재 3,900여 명 이상 지도사 양성

실전에 필요한 전문 교육
(다양한 분야 실전 교육 중심)

일반 강사들에게도 꼭 필요한 전문 교육을 실시함
(SNS마케팅, 스마트워크, 프리젠테이션, 컴퓨터 활용 등)

SNS소통연구소 출판사

2011년 11월부터 SNS소통연구소 출판사 운영
스마트폰 활용 및 SNS마케팅 관련된 책 47권 출판
강사들에게 필요한 다양한 분야의 책을 출간 진행 중

◆ 뉴미디어 마케팅 교육 문의

(스마트폰 활용, SNS마케팅, 유튜브 크리에이터, 프리젠테이션, 컴퓨터 활용 등)

▶ 디지털콘텐츠그룹 직통전화 : 02-747-3265
▶ SNS소통연구소 직통전화 : 010-9967-6654

지역사회 발전을 위해
사회복지사처럼 스마트폰 활용지도사가 필요합니다!

▶ 사회복지사란? 청소년, 노인, 가족, 여성, 장애인 등 사회적 약자에 대한 복지 정책 및 공공 복지서비스가 증대함에 따라 사회적인 문제로 어려움을 겪는 이들을 돕는 직업

▶ 스마트폰활용지도사란? 개인이 즐거운 인생을 살아가는 데 도움을 드리고 소상공인들에게 풍요로운 비즈니스를 할 수 있도록 도움을 드리는 직업

스마트폰 활용지도사가 디지털 문맹 퇴치 운동에 앞장서고 즐거운 대한민국을 만들어 가는데 초석이 되었으면 합니다.

SNS소통연구소 전국 지부 봉사단 현황

서울	울산지부	부산지부
스마트 소통 봉사단	**스폰지**	**모바일**
2018년 6월부터 매주 수요일 오후 2시부터 5시까지 스마트폰 활용지도사들이 소통대학교에 모여서 강사 트레이닝을 목적으로 운영되고 있음 (기관 및 단체 재능기부 교육도 진행)	매월 정기모임을 통해서 스마트폰 활용지도사의 역량개발과 지역주민들을 위해 스마트폰 활용 교육 봉사활동 진행	모든 것이 바라는 대로 이루어집니다! 매월 정기모임을 통해서 스마트폰 활용지도사의 역량개발과 지역주민들을 위해 스마트폰 활용 교육 봉사활동 진행
제주지부	**경북지부**	**경기북부**
제스봉	**스소사**	**펀펀스마트봉사단**
제주도 스마트폰 봉사단 매월 정기모임을 통해서 스마트폰 활용지도사의 역량개발과 지역주민들을 위해 스마트폰 활용 교육 봉사활동 진행	'스마트하게 소통하는 사람들' 경북지부 스마트폰 봉사단 매월 정기모임을 통해서 스마트폰 활용지도사의 역량개발과 지역주민들을 위해 스마트폰 활용 교육 봉사활동 진행	'배우면 즐거워져요~' 경기 북부 스마트폰 봉사단 매월 정기모임을 통해서 스마트폰 활용지도사의 역량개발과 지역주민들을 위해 스마트폰 활용 교육 봉사활동 진행
경기동부	**경기서부**	**대구지부**
스마트 119 봉사단	**스마트위드유**	**스마트 소통 약방**
'스마트한 사람들이 모여 지역주민들의 스마트한 인생을 도와드리는 봉사단' 매월 정기모임을 통해서 스마트폰 활용지도사의 역량개발과 지역주민들을 위해 스마트폰 활용 교육 봉사활동 진행	매월 정기모임을 통해서 스마트폰 활용지도사의 역량개발과 지역주민들을 위해 스마트폰 활용 교육 봉사활동 진행	매월 정기모임을 통해서 스마트폰 활용지도사의 역량개발과 지역주민들을 위해 스마트폰 활용 교육 봉사활동 진행

1등 비서! 스마트폰 제대로 활용하기!

서울 (지부장-소통대)	강남구 (지국장-최영하)	강서구 (지국장-문정임)	관악구 (지국장-손희주)	광진구 (지국장-서순례)	강북구 (지국장-명다경)	강동구 (지국장-윤진숙)	구로구 (지국장-박정옥)
	노원구 (지국장-전윤이)	동작구 (지국장-최상국)	동대문구 (지국장-김종현)	도봉구 (지국장-오영희)	마포구 (지국장-김용금)	송파구 (지국장-문윤영)	서초구 (지국장-선수옥)
	성동구 (지국장-이명애)	서대문구 (지국장-김수영)	성북구 (지국장-조선아)	양천구 (지국장-송지열)	용산구 (지국장-최영옥)	영등포구 (지국장-김은정)	은평구 (지국장-노승유)
	중구 (지국장-유화순)	중랑구 (지국장-정호현)	종로구 (지국장-김숙명)				

경기북부 (지부장-이월례)	의정부 (지국장-한경희)	양주 (지국장-유은서)	동두천/포천 (지국장-김상기)	구리 (지국장-김용희)	남양주시 (지국장-정덕모)	고양시 (지국장-백종우)

경기동부 (지부장-이종구)	성남시 (지국장-노지영)	경기서부 (지부장-이종구)	안양/과천 (지국장-곽문희)	시흥시 (지국장-윤정인)	부천시 (지국장-김남심)

경기남부 (지부장-이중현)	수원 (지국장-권미용)	이천/여주 (지국장-김찬곤)	평택시 (지국장-임계선)	안성시 (지국장-허진건)	화성시 (지국장-한금화)

인천광역시	서구 (지국장-어현경)	남동구 (지국장-장선경)	부평구 (지국장-최신만)	중구 (지국장-조미영)	계양구 (지국장-전혜정)	연수구 (지국장-조예윤)

강원도 (지부장-장해영)	강릉시 (지국장-임선강)	원주시 (지국장-김이섭)	춘천시 (지국장-박준웅)	충청남도 (지부장-김미선)	청양/아산 (지국장-김경태)	금산/논산 (지국장-부성아)	천안시 (지국장-김숙)

광주광역시	북구 (지국장-김인숙)	대구광역시	수성구 (지국장-김기연)	대전광역시 (지부장-유정화)	중구/유성구 (지국장-조대연)	전라남도 (지부장-강영옥)

부산광역시 (지부장-손미연)	사상구 (지국장-박소순)	해운대구 (지국장-배재기)	기장군 (지국장-배재기)	연제구 (지국장-조환철)	진구 (지국장-김채완)	전라북도 (지부장-송병연)

경상남도	양산시 (지국장-한수희)	경상북도 (지부장-남호정)	고령군 (지국장-김세희)	경주 (지국장-박은숙)	경산 (지국장-정다건)

울산광역시 (지부장-김상덕)	동구 (지국장-김상수)	남구 (지국장-박인완)	울주군 (지국장-서선숙)	중구 (지국장-장동희)	북구 (지국장-이성일)	제주도 (지부장-여원식)

CONTENTS

스마트폰활용지도사가 즐거운 대한민국을 만들어 갑니다!

CONTENTS

1등 비서! 스마트폰 제대로 활용하기!

CONTENTS

스마트폰활용지도사가 즐거운 대한민국을 만들어 갑니다!

CONTENTS

스마트폰 활용지도사 교육
1. 제안 배경

스마트폰 활용지도사 교육이 필요한 이유!

대한민국 국민 5,160만명!
스마트폰 개통대수 7,600만대!
남녀노소 누구나 할 것 없이 스마트폰을 사용하고 있는 세상!

이제는 스마트폰은 문화로 자리잡았습니다.

문화는 쉽게 바뀌지 않습니다.
문화에 순응하고 제대로 각 분야에 적용해서 활용하는 조직이
발전에 발전을 거듭할 수 있습니다.

하지만, 개인이든 비즈니스를 하는 사람들이든
제대로 스마트폰 활용 및 SNS를 활용하는 사람들은 많지
않은게 현실입니다.

이제는 스마트폰 및 SNS활용을 할 것인가? 말 것인가?
고민하는 것이 아니라 어떻게 하면 잘 활용할 수 있는가를
고민해야 개인에게는 보다 즐거운 인생을 살게 해주고
비즈니스를 하는 사람들에게는 보다 풍요로운 삶을 가져다
줄 수 있을 것입니다.

스마트폰 활용지도사 교육
2. 기대 효과

스마트폰 활용지도사 가 즐거운 대한민국을 만들어 갑니다!

1. 지역 주민 소통 원활
스마트폰 제대로 배우고 익히면
가족간의 세대간의 소통이 원활해진다.

2. 지역 경제 발전 도모
SNS도구들을 제대로 활용한다면
직접홍보 및 판매를 통해 이익을 극대화 할 수 있다.

3. 지역 홍보
지역주민들에게 스마트폰과 SNS를 제대로 가르치면
지역에서 일어나는 일들을 자연스럽게 홍보할 수 있다.

4. 청소년 봉사 활동
청소년들과 복지관 및 실버센터와 연계하여 시니어
실버들을 위한 일대일 교육 시스템을 구축할 수 있다.

5. 디지털 문맹 퇴치
사회복지사처럼 제대로 된 스마트폰활용지도사를
양성하여 지역에서 스마트폰 활용 및 SNS마케팅 교육 실시.

6. 스마트폰 활용지도사 양성
스마트폰 교육을 보다 활성화해서
디지털 문맹이 줄어들면 지역사회가 즐거워진다.

3. 스마트폰 활용을 제대로 배우고 익혀야 하는 이유?

전세계 유명한 경제학자들이 연구한바에 의하면 인구 5천 만명을 기준으로 볼 때 100만명 이상이 사용하면 Fashion이라 하고
500만명 이상이 사용하면 Trend라 하고 천 만명 이상이 사용하면 Culture라고 합니다.
패션이나 트렌드는 바뀔 수 있지만 문화는 쉽게 바뀌지 않습니다. 이제 스마트폰 활용은 선택이 아니라 필수입니다.
이제는 스마트폰 활용을 배울지 말지가 아니라 스마트폰을 제대로 배우고 익혀서 보다 가족간 세대간의 즐거운 인생과
보다 풍요로운 비즈니스 결과를 만들어 내야 할 것입니다.

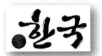

대한민국 국민
5,167만명 기준

2022년 12월 현재
이동전화 가입자수 7,160만대!

100만명 이상이 사용하면
Fashion(패션)

500만명 이상이 사용하면
Trend(트렌드)

1,000만명 이상이 사용하면
Culture (문화)

4. 가족 지인간의 원활한 소통을 위해

스마트폰 활용이 문화로 자리잡은 요즘 시니어 실버들의 경우 용어자체가 생소하다보니 접근성이 너무 낮아
소통하는데 어려움을 많이 겪고 있습니다.
과거에는 운전면허 연습은 가족간에 하면 싸움만 난다고 했습니다.
요즘은 스마트폰에 대해서 실버들이 물어보고 하면 자식들은 "바빠요!"하고 피하고 손주들은 "일전에 알려드렸잖아요!"하고 피한답니다.
궁금해도 자존심때문에 어디 물어볼데도 마땅치 않은게 현실이기도 합니다.
스마트폰 제대로 배우고 익히면 세대간의 소통도 원활해질 것입니다.
소통이 월활하지 않으면 불통이 되고 불통이 반복되면 먹통이 되고 맙니다.
진정 스마트폰 활용 교육은 가족간의 소통을 위해서라도 꼭 필요한 교육입니다.

5. 스마트워크 시스템 구축 용이합니다!

인공지능 서비스

전세계 유명강사들
강연 수강 및 외국어 공부

YouTube

고객 설문조사부터
문서편집도 전문가 수준

통번역 어플을
활용한 외국어
회화 가능

전세계 사람들과
채팅이 가능

PC에서도 음성으로
타이핑할 수 있다

텍스트,음성,
동영상,그림
동시메모 가능

실시간으로 각자의
생각을 공유가능

재우상사 김대리
스마트폰을 활용한
업무 프로세스 중
일부를 표현

스마트폰 하나면
나도 사진작가다!

전세계 발표자료
무료로 공유한다

20미터 뒤에서도
스캔이 된다

스마트폰으로
문서를 스캔한다

나만의 비서
명함정리 끝!

스마트폰에서
바로 팩스 전송가능

전세계 누구라도
무료 영상통화 가능

구독자 0명도
실시간 생방송

저비용 고효율의
마케팅 도구 활용

6. 지역 경제 발전 도모(소상공인 입장)

요즘은 직접 제조를 하는 농가들 뿐만 아니라 소상공인들도 직접 판매에 나서지 않으면 힘든 세상이다.
또한 과거에는 펜션 등의 서비스업은 광고비를 많이 사용하면 매출도 자연히 올라갔는데 요즘은 그렇지 않다.
일을 시키는 입장에서도 SNS 및 모바일 마케팅의 흐름을 알고 시키는 것과 그렇지 않은 경우에 결과 차이가 많이 난다.

농가뿐만 아니라 소기업에서 적은 비용으로 큰 효과를 낼 수 있는 마케팅 도구들이 많이 있다.
사업자가 아니어도 자기만의 무료 쇼핑몰을 쉽게 만들 수 있고 결제 시스템도 저렴하게 이용할 수 있는 방법들이 많다.
물론 기본적으로 최소한의 교육을 받았을때 이야기지만 확실한 건 과거보다는 정말 쉽고 빠르게 최소의 노력으로
최대의 효과를 거둘 수 있다는 것이다.
스마트폰 및 SNS마케팅을 제대로 배우고 익히면 이 모든 것이 자연스럽게 해결 될 것입니다.

7. 지역 경제 발전 도모(창업자 및 기업가 입장)

창업을 준비 하는 분이라면 스마트폰 활용 및 SNS도구 활용에 대해서 제대로 배우고 익혀서 업무에 활용할 필요가 있습니다.
그 이유중에 하나는 현재 기업이 과거의 방식대로 일을 해서는 기업의 생존 주기가 3-5년밖에 안된다는 것입니다.
일의 효율성과 효과성을 극대화할 수 있는 시스템을 갖추지 않으면 치열한 비즈니스 세계에서 견디기 힘들다는 것을 보여주는 예입니다.
현재 많은 1인 기업 및 소기업의 경우 모바일과 SNS도구를 활용하는 기업은 만족할 만한 업무성과를 내고 매출이 증대되는 효과를 톡톡히
보고 있습니다.
단순한 예로 직원 10명이 스마트폰 활용과 SNS도구(블로그,크롬웹스토어,협업프로그램 등등)를 2-30시간 정도만 제대로 배우고 익힌다면
일을 효율적으로 할 수 있는데 직원 1명당 하루에 최소 30분 정도는 세이브할 수 있을 것입니다.
(소기업 오너들이 가장 도입하고 싶은게 스마트워크 시스템입니다.)
직원이 10명이라면 하루면 300분, 한달 20일 근무한다고 가정하면 한달에 6,000분을 절약할 수 있고
시간으로 따지면 100시간을 다른 일에 사용할 수 있다는 계산이 나옵니다.
경제적으로 힘든 기업 입장에서는 스마트폰 및 SNS활용에 대해서 보다 체계적으로 배우고 익혀야 할 것입니다.

8. 지역 주민 교육을 통한 자연스런 홍보

지역주민들과 기업체들이 스마트폰 활용 교육을 제대로 받게 되면 그 지역은 자연스럽게 홍보가 될것입니다.
PC에서 작업을 하지 않고 스마트폰에서도 협업시스템을 구축해서 각자 사업을 홍보할 뿐만 아니라 각 지역에서 하는 활동들도 홍보할 수
있습니다.
이런 활동들이 스마트폰 활용 교육 제대로 배우고 익히면 자연스럽게 가능할 것입니다.

1.블로그와 카페 활성화를 통해 지역주민들에게도 많은 홍보의 기회를 제공할 수 있습니다.
2.요즘 젊은 세대들이 많이 하는 유튜브와 인스타그램을 통해 자연스런 지역홍보가 가능합니다.
3.페이스북 페이지 광고를 저렴하게 운영하여 행사별로 정확한 타겟 마케팅을 할 수 있습니다.
4.핀터레스트를 통한 해외홍보도 쉽고 빠르게 할 수 있을 것입니다.
5.지식인 및 네이버 포스트를 활용해서 보다 많은 고객들을 확보할 수 있습니다.

1. 내 아이 스마트폰 과의존 내가 막는다

스마트쉼센터

스마트폰을 제대로 배우고 익히면 인생이 즐거워지고 비즈니스가 풍요로워지지만 제대로 사용하지 못하면 사람들에게 악영향을 끼치게 되고 궁극에는 스마트폰 없이는 생활이 불안한 스마트폰 중독까지 이르게 됩니다.

이에 한국지능정보사회진흥원에서 운영하는 [스마트쉼센터] 홈페이지에 방문하면 스마트폰 중독 예방(과의존 진단)에 대한 다양한 정보들을 볼 수 있습니다.

[스마트쉼센터] 2020년 스마트폰 과의존 실태조사 결과에 따르면 전체 과의존 위험군 현황은 23.3% 수준(유·아동 27.3%, 청소년 35.8%, 성인 22.2%, 고령층(16.8%)에 달해 매우 심각한 상황으로 2017년도에 비해 과의존 비율이 더 높아지고 있습니다.

이러한 과의존 문제를 해소하기 위해서는 예방교육, 상담 등을 통한 적극적 대응이 반드시 필요합니다.

전국의 스마트쉼센터를 통해 예방교육, 가정방문상담, 캠페인 등 인터넷·스마트폰 과의존 문제를 해소하기 위해 다양한 정책과 사업을 추진하고 있습니다.

인터넷·스마트폰 과의존으로 어려움을 겪는 분들은 [스마트쉼센터]의 도움을 받을 수 있습니다.

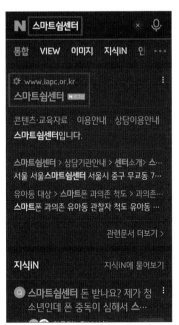

1️⃣ 검색창에 [스마트쉼센터]라고 입력한 후 홈페이지를 터치합니다. PC에서도 동일하게 검색하여 이용할 수 있습니다. 2️⃣ 오른쪽 상단의 [☰ 메뉴]를 터치합니다. 3️⃣ 메뉴의 [과의존이란?] 부분의 [스마트폰 과의존이란?]을 터치합니다.

1️⃣ [스마트폰 과의존이란?]에 대한 설명을 볼 수 있습니다. 2️⃣ [현저성], [조절실패], [문제적 결과]등 과의존 문제점에 대한 설명이 나와 있습니다. 3️⃣ [과의존 진단]을 자가 체크할 수 있습니다. [대상, 성별, 나이, 거주지역]을 선택한 후 [계속진행]을 터치합니다.

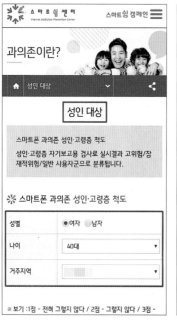

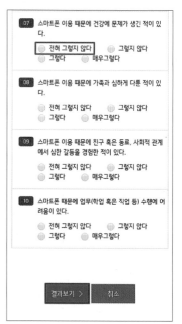

1️⃣ 대상자를 확인하고 [성별, 나이, 거주지역]이 맞는지 확인합니다. 2️⃣ [과의존 척도 항목]을 읽고 해당 부분에 체크합니다. 3️⃣ 10문항을 다 체크한 후 [결과보기]를 터치합니다.

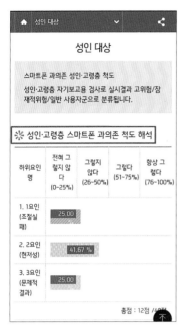

1️⃣ [스마트폰 과의존 척도 해석]을 확인할 수 있습니다. 2️⃣ [결과]와 [해석]을 확인할 수 있으며 프린트도 할 수 있습니다. 3️⃣ [스마트쉼센터] 홈 화면에서 [상담이용안내]를 터치합니다.

본인이나 가족, 지인의 스마트폰 과의존으로 인해 상담이나 조언이 필요한 분은 온라인 상담 및 센터 내방 상담, 가정방문상담을 통하여 도움을 받을 수 있습니다.

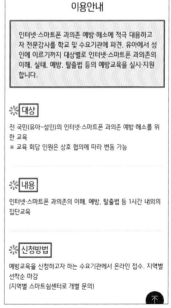

1️⃣ 상담을 받을 수 있는 여러 가지 방법을 확인할 수 있습니다.
2️⃣ [스마트쉼센터] 홈화면에서 [인터넷·스마트폰 레몬교실]을 터치합니다.
3️⃣ [예방교육]을 받을 수 있는 방법이 설명되어 있습니다.

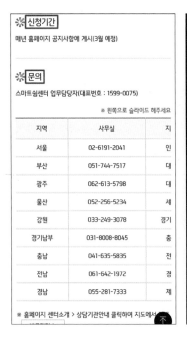

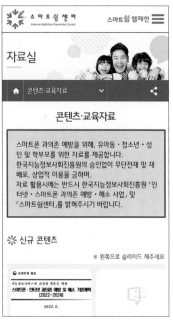

1️⃣ [신청기간]과 [전국의 스마트쉼센터 정보]가 있어 개인뿐만 아니라 기관 및 단체에서도 문의하여 교육을 신청할 수 있습니다. 2️⃣ [스마트쉼센터] 메뉴의 [자료실]에 [콘텐츠·교육자료]를 터치합니다. 3️⃣ 자료를 이용할 때 유의 사항이 설명되어 있습니다.

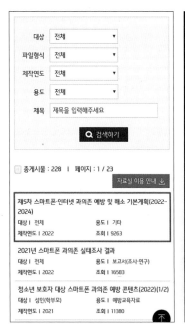

1️⃣ [검색]하여 자료를 찾을 수 있고 자료를 선택해서 터치하면 관련된 [파일을 다운] 받을 수 있는데 다운받으려면 [로그인]을 해야 합니다. 2️⃣ [자료실]의 [상담사례]를 터치합니다.
3️⃣ 상담과 관련된 검색어로 [검색]할 수도 있고 사례를 터치하면 질문과 답변 내용을 볼 수 있어 과의존 상황에 많은 도움을 받을 수 있습니다.

2. 스마트폰 요금제 선택하는 법

스마트폰을 교체할 때 가장 고민이 되는 부분이 요금제 선택입니다. 여러 통신사의 다양한 서비스, 고객들의 연령과 상황에 맞게 설계된 여러 요금제 중에 나에게 맞는 요금제를 찾는 건 생각보다 쉽지 않습니다. 대부분 통신 매장에서 권유하는 요금제를 가입하는 경우가 많습니다.
각 통신사들을 다 비교해야 하는데 일일이 조건에 맞춘 요금을 찾기가 쉽지 않습니다.

최근 3사 요금제를 한눈에 비교 할 수 있는 사이트가 있어 소개하고자 합니다.
바로 [LG U+ 홈페이지 lguplus.com]입니다.
기기 선택과 단말기 할인(공시지원금)과 요금 할인(선택약정)을 모두 비교할 수가 있어 아주 편리합니다. 통신 3사 각 홈페이지에서도 요금제 조회가 가능합니다.

LTE 요금제는 단말기 선택 기준이 많지 않기 때문에 5G 요금제로 알아보겠습니다.
우선 내가 선택할 스마트폰의 제조사와 기종을 확인하고 제공되는 네트워크 서비스(5G/4G)를 선택합니다. 평소의 내 데이터 사용량을 알아보는 방법은 고객센터 어플 또는 각 통신사 직영점, 고객센터 등을 통해서 확인할 수 있습니다.
또는 현재의 스마트폰 설정 → 연결 → 데이터 사용 → 모바일 데이터 사용량 → 날짜 선택하여 월별로 사용량을 바로 조회할 수 있습니다.

- **통신 3사 요금비교**
  - **단말 할인(공시지원금)**

1 PC에서 [LG U+ 홈페이지 lguplus.com]를 검색하여 홈페이지에서 [모바일 요금제]의 [요금제]를 클릭합니다. 2 스크롤 해서 화면 밑으로 내려가면 [통신3사 요금비교]가 있습니다.

▶ [제조사]를 선택합니다. [삼성]을 선택해 보겠습니다.

갤럭시 S22+ 5G (256GB) 갤럭시 S22 Ultra (256GB) 갤럭시 S22 Ultra (512GB) U+키즈폰 with 리틀카카오프렌즈 (64GB)

자세히보기　　자세히보기　　자세히보기　　자세히보기

▶ [단말기 기종]을 선택합니다.

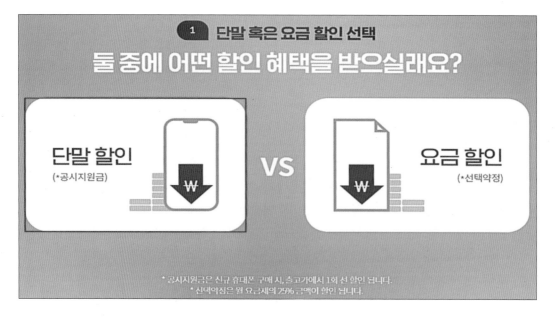

▶ 요금 할인 혜택 중 [공시지원금]이 되는 [단말 할인]을 선택합니다.

▶ 예상 [요금제 금액]을 선택합니다. 7만원으로 해보겠습니다.

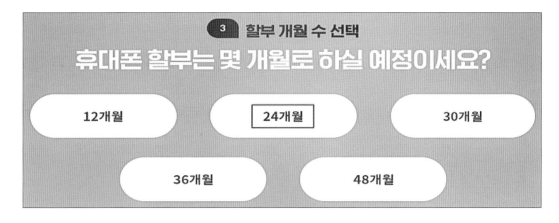

▶ 단말기 대금의 [할부 개월]을 선택합니다. 24개월로 선택해 봅니다.

▶ [월 예상 납부 금액]이 통신 3사별로 총액을 확인할 수 있습니다.
　요금제와 할인이 된 단말 요금이 합쳐진 금액입니다.

	LG U+	SKT	KT
고객님이 선택한 조건	단말할인(공시지원금) ⌄	요금제	7만 원 대 ⌄	할부개월	24개월 ⌄		
월 예상 납부 금액	부가세 포함 **122,150원**	부가세 포함 126,580원	부가세 포함 120,980원
정상가	1,551,000원	1,551,000원	1,551,000원
단말 할인 *공시지원금	-486,000원	-386,000원	-377,000원
요금 할인 *선택약정할인	-	-	-
월요금	➕ 5G 스탠다드 75,000원	5GX 스탠다드 (신규가입불가) 75,000원	5G 심플 69,000원
월 단말기 할부금	47,150원	51,580원	51,980원
할부원금	1,065,000원	1,165,000원	1,174,000원
할부수수료	66,672원	72,944원	73,496원
부가 음성	300분	300분	300분
데이터 제공 상세설명	150GB + 무제한 5Mbps	200GB + 무제한 5Mbps	110GB + 무제한 5Mbps
요금제 기타 정보	U+ 모바일 tv 월정액 무료 제공 나눔쓰기 데이터 10GB 별도 제공	신규가입불가	데이터 투게더 공유 시 10GB데이터+무제한 200Kbps 이용 가능 Y엄 혜택(스마트기기 공유데이터 10GB→20GB 제공 혜택)

*단말 할인과 요금 할인은 둘 중 하나만 선택해서 할인 받으실 수 있습니다. 결합 할인 및 카드혜택은 **LG U+로 구매하기** 버튼을 눌러 확인해주세요.

▶ 상세 내용을 비교해보면 월 예상 납부 금액, 단말 할인(공시지원금), 월 요금, 월 단말기 할부금, 데이터 제공, 기타 정보 등을 통신 3사별로 비교할 수 있습니다. 현재 각 통신사의 홈페이지에서 확인해보면 월요금제가 맞는 것을 확인할 수 있습니다.

- 요금 할인(선택 약정)

갤럭시 Z 플립4 5G (256GB)	갤럭시 Z 플립4 5G (512GB)	갤럭시 Z 플립4 메종키츠네 에디션 (256GB)	갤럭시 Z 폴드4 5G (256GB)
자세히보기	자세히보기	자세히보기	자세히보기

▶ [제조사] 선택 후 원하는 [단말기] 기종을 선택합니다.

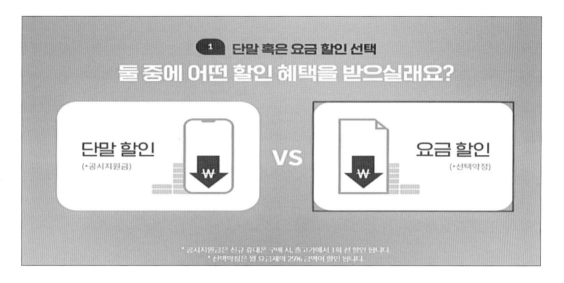

▶ 요금 할인 혜택을 [요금 할인(선택약정)]으로 선택합니다.

▶ 예상 [요금제 금액]을 선택합니다. 5만 원으로 선택해 봅니다.

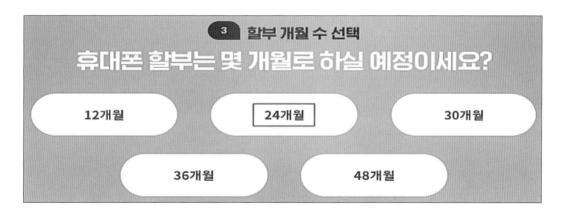

▶ 단말기 대금의 [할부 개월]을 선택합니다. 24개월로 선택해 봅니다.

▶ 통신 3사의 [월 납부 요금]을 비교해 볼 수 있습니다.

| 고객님이 선택한 조건 | 약정할인(선택약정할인) ⌄ | 요금제 | 5만원 대 ⌄ | 할부개월 | 24개월 ⌄ |

* 단말 할인과 요금 할인은 둘 중 하나만 선택해서 할인 받으실 수 있습니다. 결합 할인 및 카드혜택은 LG U+로 구매하기 버튼을 눌러 확인해주세요.

	ⓛLG U+	SKT	KT
월 예상 납부 금액	부가세 포함 102,620원	부가세 포함 109,920원	부가세 포함 109,920원
정상가	1,386,000원	1,551,000원	1,551,000원
단말 할인 *공시지원금	-	-	-
요금 할인 *선택약정할인	13,750원	13,750원	13,750원
월요금	5G 라이트+ 55,000원	슬림 55,000원	5G 슬림 55,000원
월 단말기 할부금	61,370원	68,670원	68,670원
할부원금	1,386,000원	1,551,000원	1,551,000원
할부수수료	86,760원	97,104원	97,104원
부가 음성	300분	300분	300분
데이터 제공 상세설명	12GB + 무제한 1Mbps	11GB + 무제한 1Mbps	10GB + 무제한 1Mbps
요금제 기타 정보	U+ 모바일 tv 월정액 무료제공	부가음성 300분 무료 기본제공량 11GB 소진 시 최대 1Mbps 속도로 무제한 이용가능	데이터 투게더 공유 시 기본제공데이터+무제한 200Kbps 이용 가능 Y열 혜택 (스마트기기 공유데이터 기본데이터 내 사용 →10GB 제공 혜택

▶ 선택약정이라 단말 할인은 없는 것으로 확인할 수 있습니다. 통신 3사의 주요 사항을 비교할 수 있고 다른 요금제를 다시 조회하려면 상단의 [약정할인], [요금제], [할부개월]을 클릭 하시면 조건을 변경시킬 수 있고 바로 조회가 가능합니다.

요금제 변경은 월 1회 가능하며 각 통신사 고객센터 어플에서 쉽게 할 수 있습니다. 5G 요금제는 기본 55,000원 정도 되어야 데이터 제공이 10GB 이상이 됩니다. 유무선 결합이나 가족결합을 통해서도 추가 요금할인이 가능합니다.

LG U+의 [통신 3사 결합할인 비교]가 있으니 조건을 입력해 쉽게 비교할 수 있습니다. 나의 사용패턴에 맞는 요금제를 선택하는 것이 불필요한 지출을 줄일 수 있는 방법입니다.

3. 스마트폰 보험 선택하는 법

최근 고가의 스마트폰이 많이 출시되면서 스마트폰이 파손되거나 분실되면 경제적으로 많이 부담되기 때문에 소비자가 스마트폰 분실, 파손, 침수, 화재 등의 사고 시 발생하는 수리비 등을 대비하기 위해 [스마트폰 분실·파손 보험]에 가입하는 경우가 증가하고 있습니다.

하지만 제대로 된 설명이 되지 않아 충분한 보상을 받지 못하는 경우가 많으므로 대리점보다는 **통신사나 제조사가 운영하는 휴대폰 보험 보상센터**에 직접 문의해서 처리하는 것이 좋습니다.

가장 주의해야 할 점은 보상을 받으려면 가입 익일 0시 이후에 반드시 통화 이력이 있거나 모바일 인증이 필요할 수 있고 사고 시에 바로 새로운 단말기를 구매하지 말고 보상센터에 문의하는 것이 좋으며 보험 가입 시 건당 자기부담금(최소 3만 원) 비율이 있으므로 반드시 확인하고 보험에 가입해야 합니다.

우선 스마트폰 보험 관련 기본 용어를 알아보고 각 통신사의 보험 종류를 알아보겠습니다. 다만 안드로이드폰 위주로 설명하고 아이폰 등 다른 기종은 통신사 홈페이지를 통해서 확인할 수 있습니다.

■ 스마트폰 보험 기본 용어

1. **피보험자** : 보험 보장 혜택을 받을 수 있는 사람
2. **보상한도액** : 파손 혹은 분실 시 보상받을 수 있는 최대 금액
3. **자기부담금** : 보상을 받게 되면 손해의 100%를 보상하지 않고, 소비자가 부담해야 하는데 일부 비용
4. **보험가입금액** : 보상한도 금액
5. **전손사고(전부 손해)** : 분실, 도난, 침수, 화재 및 완전 파손처럼, 휴대폰을 완전히 사용할 수 없게 된 경우. 전손사고의 경우 보통은 기존 단말과 같은 기종으로만 보상받을 수 있다.
6. **분손사고(일부 손해)** : 휴대폰이 부분 파손되어 일부 수리가 필요한 경우
7. **보험목적물** : 보험에 가입하여 보상을 받을 수 있는 대상(스마트폰 액세서리는 제외)
8. **담보지역** : 보상을 받을 수 있는 사고 장소. 국내만 담보될 시 해외 내 파손과 분실은 보상되지 않는다.

* 통신사 보험 종류 : LG U+ 휴대폰 분실/파손 보험, KT 슈퍼안심 서비스, SKT T ALL케어플러스
* 스마트폰 제조사 보험 : 삼성케어플러스, 애플케어플러스

■ 스마트폰 통신사 보험
- LG U+ 휴대폰 분실/파손 보험

LG U+ 스마트폰 보험은 분실/파손형과 파손형으로 나누어지고 보험 가입은 개통 후 30일 이내에 가능하며 보험 가입 기간은 36개월입니다. 담보지역은 전 세계이며 보험마다 보장금액, 자기부담금이 다르니, 꼭 확인하고 신청해야 하며 보험효력 발생 시점을 확인해야 합니다. 서비스해지는 고객센터 상담사를 통해 할 수 있습니다. (자세한 내용은 홈페이지 참고)

월정액	내용
분실/도난 보상	• 서비스에 가입된 모델과 같은 모델로 보상하며 자기부담금이 발생 • 같은 모델이 없으면 기존 휴대폰 출고가 이내 동급 혹은 유사 기종 모델로 보상(재생단말기 포함) • 보상 휴대폰은 LG U+와 보험사가 선정 • 보상 휴대폰 선정 기준: ±5만원 범위 이내의 정상가 또는 출시일 ±6개월 이내의 휴대폰 • 상위 혹은 후속 모델로는 보상 불가
파손/침수 보상	• 보상한도 내에서 수리비를 지원하며 자기부담금 발생

보상기준	분실+파손			파손	
상품명	I폰 분실/파손 보험 250	I폰 분실/파손 보험 150	I폰 분실/파손 보험 100	I폰 파손 보험 70	I폰 파손 보험 40
월이용료	7,000원	5,000원	2,700원	2,000원	1,800원
폰 정상가	150만원 초과 ~250만원 이하	100만원 초과 ~150만원 이하	100만원 이하	100만원 초과	100만원 이하
최대 보험가입금액	가입시점의 단말기 출고가			70만원	40만원
	250만원	150만원	100만원		
	75만원	55만원	45만원	70만원	40만원
파손 한 건당 보상한도	• 자기 부담금은 수리비와 '파손 건당 보상한도' 중 낮은 금액을 기준으로 계산합니다. • 고객이 받는 보상 금액은 수리비에서 자기 부담금을 뺀 나머지 금액입니다. • 단, 수리비가 '파손 한 건당 보상한도'보다 많이 나온 경우 '파손 한 건당 보상 한도'에서 자기부담금을 뺀 나머지 금액을 보상받을 수 있습니다.				
완전 파손 시	분실 사고에 준하여 보상처리 (새로운 휴대폰으로 교체 보상) • 완전 파손 시 수리할 수 없음을 증명하는 서류(제조사 공식 A/S센터에서 발급)와 함께 파손된 휴대폰을 반드시 반납해 주셔야 합니다. • 최대보험가입금액 (또는 잔여 보상한도)을 초과하는 금액과 자기부담금을 납부해 주셔야 합니다.				

단말유형	스마트폰					갤럭시 폴드		워치/패드
보상기준	분실+파손			파손		분실+파손	파손	파손
상품명	폰 분실/파손 보험 200	폰 분실/파손 보험 100	폰 분실/파손 보험 50	폰 파손 보험 80	폰 파손 보험 40	폴드 분실 /파손보험	폴드 파손보험	워치/패드 파손보험
월이용료	5,700원	3,600원	2,100원	3,200원	1,900원	11,000원	6,000원	1,500원
폰 출고가	100만원 초과 ~200만원 이하	50만원 초과 ~100만원 이하	50만원 이하	100만원 초과	100만원 이하	갤럭시폴드	갤럭시폴드	무관
최대 보험 가입 금액	가입시점의 단말기 출고가			80만원	40만원	가입시점의 단말기 출고가	100만원	50만원
자기부담금 (건당)	손해액의 25% (최소 3만원)	손해액의 20% (최소 3만원)	손해액의 25% (최소 3만원)		손해액의 30% (최소 3만원)	손해액의 30% (최소 3만원)	손해액의 20% (최소 3만원)

- KT 슈퍼안심 서비스

KT 스마트폰 보험은 **KT슈퍼안심, KT 슈퍼안심 심플, KT 슈퍼안심 디바이스** 등 여러 가지 서비스로 제공이 되고 있습니다.

가입은 개통 후 30일 이내에 할 수 있으며 대리점 및 직영점에서 가입 가능하고 보험료는 제조사 출고가에 따라 책정됩니다. 가입 기간은 보험 서비스 종류에 따라 24~36개월입니다. 고객부담금과 서비스 효력일이 서비스 종류에 따라 당일 이후 이거나 또는 14일까지 보상이 안 되는 보험 종류가 있으니 잘 확인해야 합니다.

구 분			KT슈퍼안심							
휴대폰 종류			스마트폰(아이폰 제외)							
가입 상품 명칭			WIP	고급	일반	파손	갤럭시케어 폴드	갤럭시케어 200	갤럭시케어 150	갤럭시케어 80
					(폴더블 제외)					
월 서비스 이용료 (ⓐ+ⓑ)			7,800원	5,800원	4,400원	4,200원	13,500원	12,900원	8,900원	5,900원
보험료 ⓐ (VAT 없음)			6,040원	4,040원	2,640원	2,440원	11,740원	11,140원	7,140원	4,140원
서비스료 ⓑ (VAT 포함)			1,760원	1,760원	1,760원	1,760원	1,760원	1,760원	1,760원	1,760원
가입 가능 출고가			100만원 이상	60만원 이상	제한없음		200만원 이상	150만원 이상	80만원 이상	80만원 미만
최대가입금액			가입 시점의 가입단말기 출고가와 아래 상품별 금액 중 낮은 금액							
			150만원	100만원	60만원	70만원	230만원	200만원	150만원	80만원
휴대폰	자기부담금	전손	손해액의 25% (최소 3만원)				55만원	35만원	25만원	10만원
		분손					16만원	14만원	7만원	35,000원
	보상한도		보상 한도 70만원							
	수리보증연장	자기부담금	손해액의 25% (최소 3만원)							
		배터리	2만원 (1회에 한정)							

구 분		KT 슈퍼안심 심플						
휴대폰 종류		스마트폰(아이폰 제외)				아이폰		
가입 상품 명칭		심플 폴드	심플 고급	심플 일반	심플 파손	i-심플 고급	i-심플 일반	i-심플 파손
월 서비스 이용료(VAT 없음)		14,000원	8,000원	6,000원	4,500원	9,000원	7,000원	5,000원
가입 가능 출고가		갤럭시 폴드	100만원 이상	제한 없음		150만원 이상	제한 없음	
최대가입금액		가입 시점의 가입단말기 출고가와 아래 상품별 금액 중 낮은 금액						
		250만원	180만원	100만원	100만원	200만원	150만원	100만원
리퍼 최대가입금액						90만원		70만원
자기부담금	전손	손해액의 30% (최소 3만원)	손해액의 25% (최소 3만원)			손해액의 30% (최소 3만원)		
	분손							
	배터리	2만원 (1회에 한정)				3만원 (1회에 한정)		
보상범위		분실/도난/파손 + 배터리			파손 + 배터리	분실/도난/파손 + 배터리		파손 + 배터리

스마트폰활용지도사가 증가된 대한민국을 만들어 갑니다!

- SKT T ALL케어+

SKT는 프리미엄 상품인 **T ALL케어플러스III**와 **일반 상품인 분실파손III**가 있습니다.
T ALL케어플러스III는 개통 후 61일(공휴일 포함) 안에 가입할 수 있으며 가입 기간은 36개월입니다. 24시간 상담과 보험 청구가 가능하며 개통 이후 366일째부터 배터리 교체 1회 제공되며 파손 시 픽업 후 수리 대행을 할 수 있고 가족 최대 2회선 가입 혜택이 있습니다. 분실 보상 휴대전화기 당일 배송 등 여러 가지 서비스를 제공합니다. (아이폰은 홈페이지 참고)

• 안드로이드

구분		T All케어플러스III						
		폴드	플립	고급	일반	파손 F	파손80	파손40
가입 가능 휴대폰 기종 및 가격		갤럭시 Z 폴드	갤럭시 Z 플립	100만 원 초과 (갤럭시 Z 폴드/플립 제외)	100만 원 이하 (갤럭시 Z 폴드/플립 제외)	갤럭시 Z 폴드/플립	40만 원 초과 (갤럭시 Z 폴드/플립 제외)	40만 원 이하 (갤럭시 Z 폴드/플립 제외)
이용 요금 (월)		**12,500 원**	**9,600 원**	**8,000 원**	**6,000 원**	**8,200 원**	**5,200 원**	**3,900 원**
보험료 (면세)		10,520 원	7,620 원	6,020 원	4,020 원	6,440 원	3,440 원	2,140 원
플러스 서비스 (부가세 포함)		1,980 원	1,980 원	1,980 원	1,980 원	1,760 원	1,760 원	1,760 원
가입 기간		36개월						
효력 개시 및 보상 조건		상품 가입이 완료된 다음 날 0시부터 상품의 효력이 발생하며, 상품 가입 당일의 분실/파손 및 상품 가입 이후 통화 내역(음성통화/문자/데이터 사용)이 없을 경우 보상 받으실 수 없음						
분실	보상 횟수	가입일 기준 365일 당 분실 1회 (최대 3회) (1일~365일 1회, 366일~730일 1회, 731일~1,095일 1회)						
	자기부담금 (새 휴대폰)	손해액의 30% (최소 3만 원)	손해액의 28% (최소 3만 원)				해당 없음	
	자기부담금 (리뉴폰)	손해액의 20% (최소 3만 원)	손해액의 18% (최소 3만 원)					
파손	보상 횟수	3회 (회당 보상한도는 휴대폰의 보험가액)						
	자기부담금	손해액의 30% (최소 3만 원)	손해액의 28% (최소 3만 원)			손해액의 35% (최소 3만 원)	손해액의 28% (최소 3만 원)	
완전 파손	보상 횟수					1회 (보상 후 해지)		
	보상 한도	분실 보상으로 처리				120만 원	80만 원	40만 원
	자기부담금					35만 원	15만 원	10만 원

• 안드로이드

구분		분실파손III				파손III		
		폴드	플립	고급	일반	파손 F	파손80	파손40
가입 가능 휴대폰 기종 및 가격		갤럭시 Z 폴드	갤럭시 Z 플립	100만 원 초과 (갤럭시 Z 폴드/플립 제외)	100만 원 이하 (갤럭시 Z 폴드/플립 제외)	갤럭시 Z 폴드/플립	40만 원 초과 (갤럭시 Z 폴드/플립 제외)	40만 원 이하 (갤럭시 Z 폴드/플립 제외)
보험료 (월, 면세)		11,900원	8,900원	6,200원	4,200원	7,700원	3,400원	1,900원
가입 기간		36개월						
효력 개시 및 보상 조건		상품 가입이 완료된 다음 날 0시부터 상품의 효력이 발생하며, 상품 가입 당일의 분실/파손 및 상품 가입 이후 통화 내역(음성통화/문자/데이터 사용)이 없을 경우 보상 받으실 수 없음						
최대가입금액		휴대폰 출고가				120만 원	80만 원	40만 원
교체(리퍼) 1회당 최대가입금액		해당 없음						
자기부담금 (고객 필수 부담)	새 휴대폰	손해액의 30% (최소 3만 원)	손해액의 28%(최소 3만 원)			손해액의 35% (최소 3만 원)	손해액의 28% (최소 3만 원)	
	리뉴폰	손해액의 20% (최소 3만 원)	손해액의 18%(최소 3만 원)			해당 없음		
총 고객 부담금 (기기변경 차액금 발생 시)		(분실 보상만 해당) 기기변경 차액금• + 자기부담금 • 기기변경 차액금: 보상 휴대폰 출고가(보상 시점의 휴대폰 출고가)에서 손해액을 뺀 금액						
보상범위		분실, 도난, 파손				파손 (완전 파손 포함)		
가입 가능 휴대폰 유형		부분 수리 가능 스마트폰				부분 수리 가능 스마트폰, 안드로이드 스마트 워치, 태블릿(갤럭시탭), 키즈폰		
서비스 혜택		분실 시 보상 휴대폰 다음 날 배송(파손 전용 상품 해당 없음). 일반 임대폰 무료 이용 기간 추가 제공(기존 14일+추가 제공 최대 28일)						

■ 스마트폰 제조사 보험
– 삼성케어플러스

갤럭시라면 알뜰폰, 자급제폰까지 제한 없이 월정액으로 가입 가능합니다.

다만 **분실 보상일 경우** 통신사 보험과 중복 가입일 경우 삼성케어플러스는 후 순위 보상이 적용되며 **파손 보상일 경우** 삼성케어플러스가 선 순위 보상 적용이 됩니다.

스마트폰을 비롯한 버즈, 워치, 태블릿, 노트북일 경우 60일 이내 가입 가능하며 36개월까지 보장을 받을 수 있습니다. 스마트폰의 경우 최초 통화일 +2일 이내에는 비대면 가입이 가능하고 최초 통화일 +3일 이후에는 Samsung Members 앱에서 거울을 통해 액정화면 확인 후 가입이 가능합니다.

파손 수리하는 경우 현장에서 바로 보험이 적용되어 별도의 청구 과정은 없으며, 삼성전자 서비스센터에서 수리 비용 결제 시 자기부담금만 내면 됩니다.

제품군		스마트폰				스마트폰 파손보장형			
대상단말군		갤럭시 Z 폴드	갤럭시 Z 플립	갤럭시 S 갤럭시 노트	갤럭시 A	갤럭시 Z 폴드	갤럭시 Z 플립	갤럭시 S 갤럭시 노트	갤럭시 A
월 이용금액		12,700원	9,700원	6,400원	3,500원	6,900원	4,700원	3,300원	1,700원
보장기간		최대 36개월까지 유지 가능				최대 36개월까지 유지 가능			
파손	횟수	3회				2회			
	자기부담금	160,000원	140,000원	80,000원	35,000원	160,000원	140,000원	80,000원	35,000원
도난/분실	횟수	1회				X			
	자기부담금	550,000원	400,000원	350,000원	150,000원				
보증연장		기본 2년 + 1년 연장 = 최대 3년까지				X			
배터리	횟수	1회				X			
	자기부담금	20,000원							
방문수리	횟수	3회							
	출장비	18,000원 (본인 과실 여부에 따라 출장비가 발생)							

제품군		노트북		태블릿		버즈	워치
대상단말군		갤럭시 북 Pro	갤럭시 북	갤럭시 탭 S	갤럭시 탭 A	갤럭시 버즈	갤럭시 워치
이용요금(月, 원)		9,600원	8,400원	4,600원	2,700원	1,300원	2,300원
보장기간		최대 24개월까지 유지 가능					
파손	횟수	1회		3회		2회	2회
	자기부담금	50,000원	35,000원	75,000원	40,000원	20,000원	35,000원
보증연장		기본 1년 + 1년 연장 = 최대 2년까지					
배터리	횟수	1회				X	X
	자기부담금	20,000원					
방문수리		삼성전자서비스 출장서비스 운영중 (출장비 별도 청구)		X			

- 애플케어플러스

아이폰은 기본적으로 1년 제한 보증과 최대 90일의 무료 기술 지원을 받을 수 있는데 보험은 따로 가입해야 합니다. 서비스는 애플케어와 애플케어플러스가 있는데 애플케어는 무상보증 기간 내에 언제든지 가입할 수 있지만, 애플케어플러스는 구매 후 60일 이내에 가입할 수 있으며 구입일로부터 최대 2년간 보장됩니다.

우발적인 손상의 경우 12개월간 최대 2회 보장되며 (2년간 총 4회) 화면 또는 글라스 손상은 건당 4만 원이며 기타 우발적인 손상은 건당 12만 원의 본인 부담금이 부과됩니다.

iPhone 14 Pro, iPhone 14 Pro max는 296,000원에 애플케어플러스 가입을 할 수가 있습니다. iPhone 14 plus는 233,000원, iPhone 14, iPhone 13, iPhone 13 mini, iPhone 12는 197,000원 아이폰 se 3세대는 98,000원입니다.

아쉬운 점은 애플케어플러스는 **분실 보장을 하지 않습니다.** 반면 통신 3사 스마트폰 보험은 아이폰 분실 보상을 보장합니다.

1등 비서! 스마트폰 제대로 활용하기!

---

iPhone을 위한 AppleCare+ 구입으로
2년간 더욱 든든하게.

iPhone을 위한 AppleCare+는 최대 2년간 우선적인 전문가 기술 지원과 Apple의 추가적인 하드웨어 보증을 제공합니다.[1] 여기에는 우발적인 손상에 대한 횟수 제한 없는 보장이 포함됩니다. 우발적인 손상의 경우, 화면 또는 후면 글래스 손상은 건당 40,000원, 기타 우발적인 손상은 건당 120,000원의 본인 부담금이 부과됩니다.[2] 보증은 AppleCare+ 구입일부터 시작됩니다.

한국에서는 스마트폰 보증 기간을 연장하는 '소비자분쟁해결기준'에 따라, 휴대폰 품질 문제와 관련한 서비스 보증이 최초 소매 구입일로부터 2년간 보장됩니다. 자세한 내용을 확인하려면 여기를 클릭하세요.

우선적으로 기술 지원 제공

우발적인 손상에 대한
횟수 제한 없는 보장 제공[2]

배터리 서비스 보증[1]

※ 참고
  - 각 통신사 (LG U+, KT, SKT) 홈페이지, 제조사 (삼성, 애플) 홈페이지

4. 알뜰폰 사용했을 때 장단점

주파수를 보유한 이동통신망 사업자로부터 설비를 임대하여 이동통신 서비스를 제공하는 가상이동통신망 사업자를 흔히 [알뜰폰]이라 부릅니다. 즉 메이저 통신 3사의 통신망을 빌려서 통신사를 만들어 요금제를 판매하는 것으로 이동통신 재판매 서비스입니다.

2021년 5월 기준으로 알뜰폰 사업자는 약 60업체, 가입자 수는 2021년 11월 기준으로 1,000만 명을 넘었고 2022년 8월 약 1,200만 명을 넘기고 있습니다. 현재 통신 3사를 비롯해 은행이 직접 계열사를 차리거나 영세업체를 인수해 운영하고 있으므로 신뢰도가 높아지고 있으며 자급제 단말기 보급이 쉬워지면서 알뜰폰을 이용자가 급격히 늘어나고 있습니다.

MZ세대로 불리는 젊은 층을 기준으로 많이 사용했으나 요즘에는 약정이 끝난 이용자가 통신사를 알뜰폰으로 번호 이동하거나 개통 후 일정 기간이 지난 후 위약금을 내고서라도 알뜰폰 요금제에 가입하는 것이 더 저렴하므로 많이 이용하고 시니어들 요금제로 많이 사용하고 있습니다.

그럼 알뜰폰을 많이 사용하게 된 알뜰폰만의 장단점을 알아보고 선택할 때 참고가 될 수 있게 설명하겠습니다.

■ 알뜰폰의 장점

① 가장 큰 장점은 가격이 저렴하다는 것입니다. 메이저 통신사 대비 2분의 1 또는 그보다 더 저렴하기 때문입니다. 데이터 무제한 요금제(LTE) 기준으로 알뜰폰은 3~4만 원 수준이고 메이저 통신사 요금은 6~8만 원대입니다. 통화량이 무제한이 아니면 훨씬 많은 차이가 납니다. 사용자의 패턴에 따라 고를 수 있는 선택이 많아진 것입니다.

② 통신 3사의 망을 그대로 사용하기 때문에 안정적인 망 서비스를 제공하므로 통화품질이 그대로라서 만족도가 높습니다.

③ 약정이 없습니다. 자급제폰을 많이 사용하기 때문에 약정을 할 필요가 없고 요금제를 다양하게 선택 가능하며 바로 해지해도 위약금이 없습니다. 그리고 요금제 변경도 자유로우므로 여러 사업자의 알뜰폰 요금제를 바로 이용 가능합니다. 약정이 지난 스마트폰은 알뜰폰 요금제를 사용하면 부담이 없습니다.

④ 사용요금 신용카드 할인 혜택도 됩니다. 카드 사용 실적에 따라 할인 혜택을 제공하는 통신사가 있는데 카드 전월 실적과 저렴한 요금제를 사용한다면 사용요금을 내지 않고 스마트폰을 사용할 수도 있습니다.

⑤ 기존 번호를 그대로 사용할 수 있습니다. 신규 번호이동 또한 가능합니다.

⑥ 경쟁이 치열하므로 알뜰폰 요금제는 프로모션 행사가 많아서 더 저렴하게 이용할 수 있습니다.

■ 알뜰폰의 단점

① 교통카드 사용이 안 되는 경우가 있으니 반드시 확인하고 사용해야 합니다. NFC가 있는 유심은 사용할 수 있는데 꼭 확인을 해야 합니다.

② 고객센터와의 연결이 어렵습니다. 가입도 대면으로 거의 하지 않기 때문에 매장이 없는 경우가 많습니다. 문제가 생기면 해결하기 어려운데 그나마 통신 3사 알뜰폰 브랜드는 서비스가 좋은 편입니다.

③ 멤버십 혜택이 부족합니다. 예전에는 거의 없었으나 최근에는 있는 곳도 있으니 알아보고 가입하는 것도 좋습니다.

④ 스마트기기의 개통이 불가능합니다. 특히 갤럭시워치, 애플워치 개통이 불가하나 태블릿의 경우 데이터 쉐어링이 가능한 통신사(KT M 모바일, 리브엠 등)가 있으니 확인해야 합니다.

⑤ 결합 할인이 부족합니다. KT M 모바일, 헬로 모바일은 인터넷, TV 사업을 같이하므로 유무선 결합 할인 상품이 있으니 요금제를 비교하는 것도 좋습니다.

⑥ 해외 로밍이 불편합니다. 통신 3사의 자회사면 제공하나 선택권이 거의 없고 요금과 비교해 서비스가 부족합니다.

⑦ 긴급상황 시 위치 추적이 어렵습니다. 위치정보를 제공하더라고 통신 3사를 거쳐야 하므로 주말, 연휴에는 정말 긴급할 때는 사용할 수가 없습니다. 얼마 전 한양대 융합전자공학부 통신시스템 연구실 문희찬 교수팀이 이동통신 신호만으로도 긴급구조 요청자의 정확한 위치를 파악할 수 있는 기술(HELPS)을 개발했다고 하는데 알뜰폰에 사용하면 사고 시 대처가 빨라질 수 있을 것입니다.

여러 가지 단점이 있지만, 알뜰폰의 가장 큰 장점은 가격이 저렴하기 때문입니다. 통신 3사의 망을 그대로 사용하기 때문에 유지비용이 들지 않고 대리점, 상담사 등 고정 기반 시스템을 줄여서 통신비 할인에 적용한 것입니다.
나의 사용패턴을 잘 파악해서 요금제를 선택한다면 비용을 많이 절감할 수 있습니다.
요금제를 선택할 때 가장 중요한 기준은 데이터 사용량입니다. 스마트폰에서 데이터 사용량을 확인할 수 있는데 애플 아이폰은 '설정 > 셀룰러 > 사용 내용' 메뉴에서 이번 달 사용 내역을 조회할 수 있고 삼성 갤럭시폰은 ' 설정 > 연결 > 데이터 사용 > 모바일 데이터 사용량'에서 데이터 사용량을 조회할 수 있습니다. 평균적인 데이터 사용량을 확인한 후 요금제를 선택한다면 꼭 맞는 요금제를 찾을 수 있습니다.

현재 통신 3사 망을 사용하는 알뜰폰 업체 종류와 사용하는 패턴에 따른 요금제를 비교한 상품을 안내하고자 합니다. 요금제를 사용자의 패턴에 맞게 선택할 수 있습니다.
(안내하는 요금제는 **2022년 11월 기준**입니다.)

■ 음성 통화가 많은 사용자 (전화만 무제한)

- 음성 통화를 많이 하는 소비자에게 적당한 요금으로 문자도 무제한으로 제공

통신사	요금제	데이터	전화/문자	금액
SK 7모바일	LTE유심2GB/2000분	2GB	2,000(분/건)	10,450원
KT M모바일	통화맘껏1.5GB	1.5GB	무제한(영상 30분)	7,900원
KT M모바일	통화맘껏2.5GB	2.5GB	무제한(영상 30분)	8,900원
알뜰모바일(LGU+)	유심통화마음껏데이터1.5GB	1.5GB	무제한(영상 50분)	7,800원
헬로모바일(LGU+)	The착한데이터유심1.3GB	1.3GB	무제한(영상 50분)	7,900원
스마텔(LGU+)	USIM스마트7GB+	7GB	무제한	4400원(7개월특별)
프리티	데이터안심무제한7G+1M	7GB	무제한	5940원(8개월특별)
A모바일(LGU+)	[22년11월]A스페셜7G+	7GB	무제한	5830원(8개월특별)

7개월 특별의 의미는 7개월 동안 할인 가격으로 이용할 수 있고, 7개월 차부터 메이저 4대 업체 보다 비싼 가격으로 청구된다는 뜻입니다.

■ 출퇴근길 동영상 이용이 많은 소비자 (데이터만 무제한)

- 기본 데이터 제공량이 한 달에 15GB이지만, 모두 사용하면 3Mbps 속도로 사용 가능

통신사	통신망	요금제	금액
SK 7모바일	SK	LTE 유심 15GB+/100분	27,500
KT M모바일	KT	데이터 맘껏 15GB+/100분	25,300
알뜰 모바일	LGU+	유심 최강가성비 15GB+/100분	26,500
헬로 모바일	LGU+	보편 안심 유심 15GB 100분	28,820
A 모바일	LGU+	[22년 11월]A스페셜 100분 / 15GB+	13,200(8개월 특별)
이야기 모바일	LGU+	이야기U 데이터 15GB+	13,200(7개월 특별)
스마텔	KT	USIM 스위트 데이터 15GB+(100분)	13,200(5개월 특별)

■ 통화, 문자, 데이터 모두 무제한 이용을 원하는 소비자 (데이터 & 전화 무제한)

- 기본 데이터 제공량은 11GB이지만 모두 소진하면 매일 2GB를 사용 가능하며 이후 3Mbps 속도로 무제한 사용 가능

통신사	통신망	요금제	금액
SK 7모바일	SK	LTE 유심 (11GB+/통화맘껏)	37,400
KT M모바일	KT	모두다 맘껏 11GB+	35,200
알뜰 모바일	LGU+	유심 데이터·통화 마음껏	33,990
헬로 모바일	LGU+	The 착한 데이터 유심 11GB	33,990
A 모바일	LGU+	[22년 11월] A 스페셜 11GB+	19,800(8개월 특별)
이야기 모바일	LGU+	이야기 데이터 11GB	20,900(7개월 특별)
아이즈 모바일	KT	아이즈 11GB+	23,130(5개월 특별)
FREE T	LGU+	USIM프리티데이터중심 11G+	20,790(8개월 특별)
스마텔	KT	USIM 스위트 데이터 11GB+	19,800(5개월 특별)
리브모바일	LGU+	LTE 든든 무제한 11GB+(신)	24,800

■ 5G 데이터 이용을 무제한으로 원하는 소비자 (5G 무제한 요금제)

- 기본 데이터 소진 후 5Mbps 속도 이상으로 무제한 이용 가능한 요금제

통신사	통신망	요금제	데이터	금액
SK 7모바일	SK	5G 유심 (200GB+/통화맘껏)	200GB + 5Mbps	61,600
SK 7모바일	SK	5G 유심 (110GB+/통화맘껏)	110GB + 5Mbps	53,900
KT M모바일	KT	5G Special M	200GB + 10Mbps	59,400
KT M모바일	KT	5G Simple M	110GB + 5Mbps	47,500
알뜰 모바일	LGU+	유심 5G(180GB+)	180GB + 10Mbps	52,000
알뜰 모바일	LGU+	유심 5G(150GB+)	150GB + 5Mbps	48,800
헬로 모바일	LGU+	5G 스페셜 유심 180GB	180GB + 10Mbps	55,000
헬로 모바일	LGU+	5G 스탠다드 유심 150GB	150GB + 5Mbps	49,000
스마텔	LGU+	5G 스마트 150GB	150GB + 5Mbps	32,500(7특별)
이야기 모바일	LGU+	[5G] 이야기 스탠다드	150GB + 5Mbps	30,800(7특별)
A모바일	LGU+	[22년 10월] A 5G 스페셜	180GB + 10Mbps	45,100(7특별)

알뜰폰 요금제를 선택할 때 기기를 자급제폰으로 많이 사용합니다. 구매 시 단말기 대금을 한 번에 내야 하므로 부담스러울 수 있는데 제휴카드를 이용하면 요금을 많이 낮출 수 있습니다. 자급제폰은 선택약정으로 25% 요금할인을 받을 수 있는데 해지 시 위약금이 발생할 수 있습니다. 자급제폰은 통신사의 5.9%의 할부이자 부담이 없습니다.

■ 알뜰폰 제휴카드

카드사	통신사	전월 실적	할인	연회비
현대	SK7, KTM, 알뜰	30만원 이상 (통신요금 전월실적 제외)	1.3만원 (~24개월, 25개월부터 0.6만원)	3.0만원
국민	SK7, KTM, 알뜰	30만원 이상 (통신요금 전월실적 제외)	1.2만원	1.5만원
현대	헬로	30만원 이상 (통신요금 전월실적 제외)	1.7만원 (~36개월, 37개월부터 0.7만원)	1.5만원
롯데	헬로	30만원 이상 (통신요금 전월실적 제외)	1.1만원	1.0만원
우리	SK7	30만원 이상 (통신요금 전월실적 제외)	1.0만원	1.0만원
KB 국민	리브모바일	30만원 이상 70만원 이상	1.2만원 1.7만원	1.5만원
KB 국민	알뜰폰 허브	50만원 이상 (상품권 전월실적 포함	1.0만원	2.0만원

5. 현명한 통신 생활을 위한 스마트 초이스 어플 및 통신사 멤버십 활용
■ [스마트 초이스]

[스마트 초이스] 어플은 (사)한국통신사업자연합회와 SK텔레콤, KT, LGU+, SK브로드밴드가 공동으로 통신서비스 사용자에게 통신요금, 통신서비스 관련 정보를 알기 쉽고 체계적으로 정보를 제공하는데 단말기 지원금 조회, 이동전화 요금제 추천, 통신 미환급액 조회, 도난신고와 분실신고 조회, 중고폰 시세 조회 서비스가 있습니다.

구글 플레이스토어에서 [스마트 초이스]라고 검색창에 입력하여 설치를 합니다.

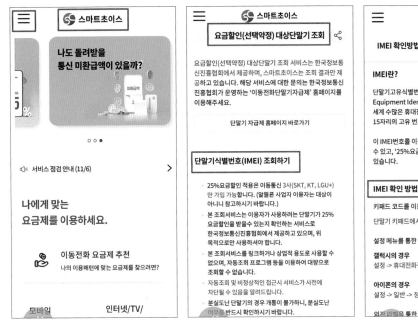

1 [스마트 초이스] 어플 홈화면에서 왼쪽 상단의 [☰ 메뉴]를 터치하면 휴대폰 구매, 요금제 찾기, 환급·혜택, 통신생활 가이드, 통신정보 등 많은 정보를 알 수 있습니다. **2** [요금할인 대상단말기 조회]를 터치하면 [선택약정(25%)]이 가능한지 조회할 수 있습니다. **3** [단말기식별번호(IMEI)]를 알아야 조회가 가능합니다. 제일 쉬운 방법은 [전화 키패드]에서 [*#06#]을 입력하면 바로 알 수 있고 스마트폰의 설정에서도 알 수 있습니다. [IMEI] 번호로 분실·도난 단말기 여부도 조회할 수 있습니다.

[선택약정 할인]은 단말기 구입 시 지원금을 받지 않는 가입자가 매달 요금의 25%를 할인 받을 수 있는 제도입니다.
[선택약정(25%) 할인 적용]은 [이동통신 3사]만 **가입 가능**합니다. 알뜰폰 사용자는 요금할인을 받을 수 없습니다. 의무사용기간이 지나거나 중고폰, 자급제폰 이용자도 가입할 수 있는 조건이 되며 선택약정 할인에 가입 시 2년 외에 1년의 약정기간을 선택할 수도 있습니다.

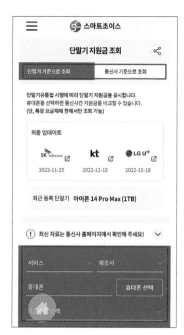 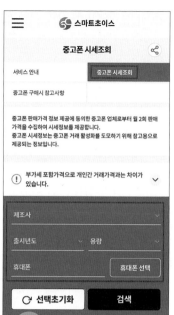 

1️⃣ 메뉴에서 [단말기 지원금 조회]를 터치하면 단말기 기준이나 통신사 기준으로 조회할 수 있습니다. 2️⃣ [중고폰 시세조회]를 할 수 있는데 단말기 정보를 입력하면 중고폰 정보와 판매되고 있는 금액을 알 수 있습니다. 3️⃣ [통신 미환급금 조회]를 할 수 있는데 미환급금이 있는 경우 회원가입 후 환급 신청이 가능합니다.

  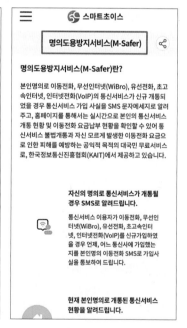

1️⃣ [이동전화 요금제 추천]에서는 이동3사와 알뜰폰 요금을 조건에 맞게 조회할 수 있습니다. 2️⃣ 통신 생활 가이드의 [아하! 그렇구나]에서는 다양한 정보들을 볼 수 있습니다. 3️⃣ [명의도용 방지서비스]는 통신서비스를 신규로 개통되었을 경우 가입 사실을 SMS 문자메시지로 알려주고 본인명의로 개통된 통신서비스 현황을 알려줍니다. 공동인증서·간편인증서비스로 로그인이 필요한 서비스며 PC환경에서만 사용이 가능합니다.

■ 통신사 멤버십 활용

SK텔레콤, KT, LGU+ 등 국제 주요 통신사들은 가입자의 충성도를 높이고 타사 이탈을 방지하기 위해 멤버십 서비스를 제공해 왔습니다. 하지만, 2022년에 통신사들은 3개 사 합산 1조 원 이상의 좋은 사업실적을 보이면서도 멤버십 서비스 혜택은 지속적으로 축소하고 있어서 소비자들의 원성을 사고 있습니다.

소비자들이 가장 많이 이용하는 영화관 무료 티켓이나 할인예약 서비스를 비롯해 상품권 제공이나 자사 인터넷쇼핑몰 할인 혜택도 지속적으로 줄어들고 있습니다. 그래서 차라리 멤버십 혜택은 없지만 상대적으로 요금이 저렴한 알뜰폰이 낫다는 얘기가 나오고 있는 겁니다.

과거에 비해 혜택이 축소되었다고는 하지만, 여전히 영화관 할인이나 커피숍 등에서의 할인 조건은 괜찮은 수준이니 잊지 않고 잘 챙기시길 바라는 마음으로 각 통신사의 멤버십 혜택에 대해서 안내해 드립니다.

멤버십 혜택은 크게 2가지로 나누어 볼 수 있습니다. 하나는 매년 초에 개인별로 부여되는 멤버십 포인트이고, 또 하나는 VIP/VVIP 등 멤버십 등급에 따른 혜택입니다. 멤버십 포인트는 커피숍이나 제과점 등 프랜차이즈 매장 등에서 결제할 때 포인트를 사용해서 실질적으로 할인 혜택을 볼 수 있습니다.

멤버십 등급 혜택은 공연이나 영화 예매를 할 때 멤버십 등급에 따라서 무료 또는 할인혜택을 제공하는 것입니다. kt 기준으로는, VIP 등급 이상의 고객들은 커피숍 무료 쿠폰도 제공하고, 자동차 엔진오일 교환 할인, 피자 할인 혜택도 제공하고 있습니다.

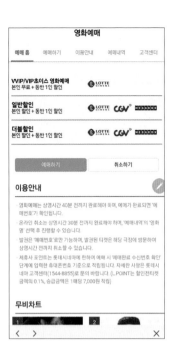

▶ 통신사별로 다양한 혜택을 제공하고 있으니, 각 통신사의 앱을 통해 자세히 확인해서 많은 혜택을 누리시길 당부드립니다.

1등 비서! 스마트폰 제대로 활용하기!

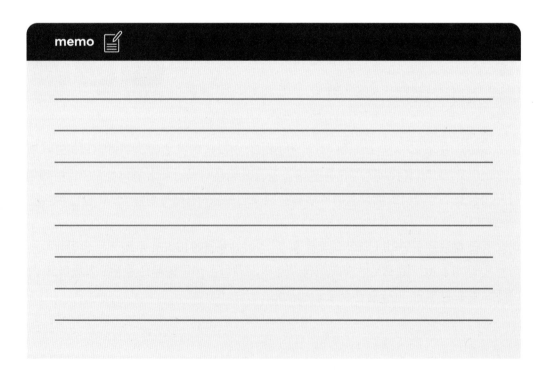

1. 스마트폰에서 스마트폰으로 자료 옮기는 스마트 스위치(Smart Switch) 활용하기

스마트 스위치(Smart Switch)란,
휴대폰의 데이터를 백업하거나, 백업한 데이터를 기존 휴대폰 또는 새 휴대폰에 복원하거나, 소프트웨어들 손쉽게 최신 버전으로 업데이트할 수 있게 지원하는 프로그램입니다.

갤럭시 모델은 해당 폰에 Smart Switch 앱이 기본 설치되어 있으며, 앱스(홈 화면에서 위 또는 아래로 스크롤하면 앱스 화면으로 전환됩니다) – 설정 – 계정 및 백업 - Smart Switch 실행 가능합니다.

■ 스마트 스위치(Smart Switch) 모바일 앱을 통한 갤럭시 기기의 데이터 이동 방법

1) 스마트 스위치(Smart Switch) 모바일 앱은 이전 기기에서 사용하던 데이터를 신규 갤럭시 기기로 이동해주는 모바일 앱입니다.

· 안드로이드 8 OS(O OS) 버전 이상 단말에서는 설정 > 계정 및 백업에서 스마트 스위치 앱을 실행할 수 있습니다. 그 외 단말은 [갤럭시 스토어] 또는 [Play 스토어]에서 설치할 수 있습니다.
· 스마트 스위치(Smart Switch) 모바일은 갤럭시, 타사 안드로이드, Phone / Ipad / Windows Mobile 제품과 연결 가능합니다.

2) 가져올 수 없는 데이터 항목

구 분	가져올 수 없는 데이터 항목
통화 및 연락처	. 읽기 전용 연락처
메시지	. 긴급 알림 메시지 . 임시 저장 및 전송 실패한 메시지
앱	. 캘린더 : 동기화 된 계정의 일정 . 카카오톡 : 대화기록 . 앱 정책에 따라 전송할 수 없는 데이터 . 보안 또는 호환성의 이유로 전송할 수 없는 앱(T World, 계산기, Samsung Pass, PASS, 카카오뱅크, 업비트 등) . Samsung Kids : 앱 및 데이터
보안 폴더	. 잠긴 콘텐츠
홈 화면	. 기본 배경화면 . Galaxy Themes 배경화면

※연락처는 휴대전화 공간, 구글 계정, 삼성 계정, SIM 카드 연락처 모두 이동 가능합니다.

3) 새 휴대폰에서 기존 휴대폰 데이터 가져오는 방법(무선 연결)

① 새 휴대폰에서 설정>계정 및 백업   ② 이전 디바이스에서 데이터 가져오기   ③ 데이터 받기

④ 갤럭시/ 안드로이드   ⑤ 무선 연결   ⑥ 연결 대기 중

⑦ 연결 중

⑧ 기존 휴대폰에서 "예" 선택

⑨ 기존 휴대폰에서 연결 "허용"

⑩ 가져올 데이터 선택 >전송

⑪ 데이터 가져오는 중

⑫ 새 휴대폰에 전송 완료

※ 스마트 스위치 관련 자료는 2022년 10월 28일 기준이며, 삼성전자서비스에서 제공한 자료를 참고함.

2. 스마트폰 배터리 절약하기
■ 홈 화면 배경색을 검정색으로 변경하기

1️⃣ 카메라 앱 실행 후 최대한 빛이 스며들지 않은 상태에서 검은색 옷 등 검정 물체에 카메라 렌즈를 밀착하여 사진 촬영을 합니다. 카메라 화면 하단 좌측의 갤러리 앱 [미리보기] 원형 아이콘을 터치합니다. 2️⃣ 갤러리에서 검정 이미지(RGB 순도 100% 검은색은 아닙니다.)가 열리면 하단 우측 점 3개 모양의 [더보기] 아이콘을 터치합니다. 3️⃣ 더보기 화면에서 [배경화면으로 설정]을 터치합니다.

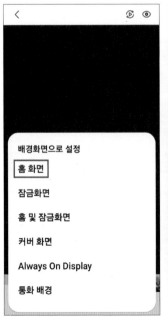 

1️⃣ [배경화면으로 설정] 화면이 열리면 [홈 화면]을 터치합니다. 2️⃣ 스마트폰 화면 하단의 [홈 화면에 설정]을 터치하면 스마트폰 홈 화면이 검정 단색 배경으로 바뀝니다.
※ OLED(유기발광다이오드) 기술을 적용한 AMOLED 디스플레이 경우에 해당됩니다.

■ 배경화면 어둡게 하기

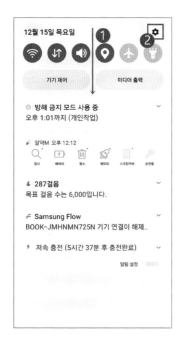
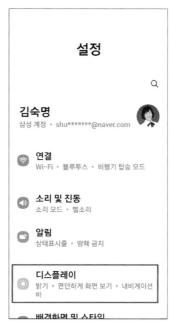
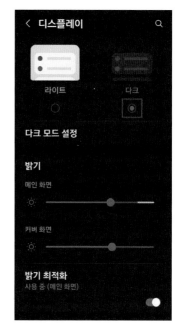

■ ① 스마트폰 배경화면을 검은색으로 설정하면 배터리 소모를 줄일 수 있습니다. 스마트폰 맨 위 상단의 상태표시줄에 가볍게 손가락을 대고 하단으로 스크롤 합니다. ② 상단 우측 톱니바퀴 모양의 [설정] 아이콘을 터치합니다. ② 설정 화면에서 [디스플레이] 메뉴를 터치합니다. ③ 디스플레이 화면에서 [다크] 모드로 설정하면 배터리를 절약할 수 있고 눈의 피로도 줄일 수 있습니다.

■ 불필요한 기능 최소화하기

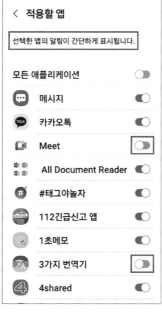

불필요한 기능을 최소화하면 배터리 소모를 줄일 수 있습니다. 화면의 세로/가로 자동 기능, 음성 인식 기능 등은 편리한 기능이지만 꼭 필요한 경우를 제외하고는 활용하지 않는 것이 좋습니다.
■ 설정에서 [알림] 메뉴로 들어옵니다. ① 알림 화면에서 알림 팝업 스타일을 [간략히 보기]로 설정합니다. ② [적용할 앱]을 터치합니다.
② [간략히 보기] 알림을 원하지 않는 앱을 비활성화합니다.

■ 스마트 알림 끄기

삼성폰의 경우 제품 및 서비스 개선을 위해 사용자의 도움을 받아 휴대전화에 진단 정보를 자동 수집할 수 있는 소프트웨어가 포함되어 있습니다. 사용자가 동의한 경우에 데이터가 수집되고 배터리 소모가 늘어나게 됩니다.

1 설정에서 [개인정보 보호] 메뉴로 들어옵니다. **2** 개인정보 보호 화면에서 [진단 데이터 보내기]를 비활성화하면 배터리 절약하는 데 도움이 됩니다.

■ 위치를 사용하지 않는 어플은 "사용 중에만 허용 또는 끄기"

1 설정에서 [위치] 메뉴로 들어옵니다. **2** 위치 메뉴 화면에서 ① [앱 권한]을 터치하면 '항상 허용됨' 혹은 '사용 중에만 허용됨' 등으로 위치를 요청하는 모든 앱의 종류가 표시됩니다.

② 최근 위치 접근을 했던 앱 중에서 위치 사용이 필요 없는 앱의 권한 설정을 변경하기 위해 화면 하단의 [모두 보기]를 터치합니다.

1 최근 위치 접근 앱 리스트 중 임의로 [카카오T]를 선택합니다.
2 카카오T 앱의 위치 액세스 권한을 [앱 사용 중에만 허용]에 체크를 합니다.
다른 앱들도 위치 권한을 앱 사용 중에만 허용으로 변경하면 배터리 절약에 도움이 됩니다.

▪ MMS(Multimedia Messaging Service) 문자 차단

MMS 문자란 장문의 메시지나 사진 또는 동영상을 첨부한 메시지로 보통 기본적으로 본인의 의사와 상관없이 자동 수신되게끔 설정되어 있습니다. 광고, 스팸문자 등과 같이 필요치 않은 메시지를 수신하는 경우 배터리 소모가 될 수 있으므로 원하는 문자들만 열어서 볼 수 있는 설정의 필요성이 있습니다.

1 메시지 화면에서 상단 우측 점 3개 모양의 [더보기] 아이콘을 터치합니다.
2 더보기 화면에서 [설정]을 터치합니다.

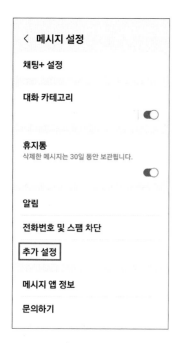
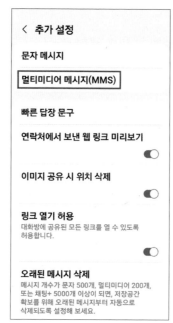

1등 비서! 스마트폰 제대로 활용하기!

1️⃣ 메시지 설정 화면에서 [추가 설정]을 터치합니다.
2️⃣ 추가 설정 화면에서 [멀티미디어 메시지(MMS)]를 터치합니다.
3️⃣ 멀티미디어 메시지(MMS) 화면에서 [자동 다운로드]를 비활성화하면 배터리 절약에 도움이 됩니다.

추후 MMS 문자가 오면 해당 문자의 제목과 메시지 크기가 표시되기 때문에 원하는 문자만 선택적으로 클릭하여 수신할 수 있습니다. 그러므로 불필요한 멀티미디어 메시지를 수신하면서 발생할 수 있는 데이터 소모, 배터리 낭비 및 혹시라도 심어져 있는 악성 코드나 해킹 프로그램 등이 내 휴대폰에 설치될 가능성도 낮아지게 됩니다.

memo

■ 사용하지 않는 어플은 확실히 종료하기

1 스마트폰 하단에 있는 내비게이션바 좌측 ① [이전 실행창 보기] 아이콘을 터치하면 내가 사용했던 모든 앱이 보입니다. ② [모두 닫기]를 터치해서 이전에 실행했던 앱을 모두 종료 하면 배터리를 절약하는 데 도움이 됩니다.

■ 디바이스 케어 최적화 기능 활용하기

배터리를 오래 사용하는 방법 중 디바이스 최적화 기능이 있습니다. 개통 후 초기에는 사용자의 사용 패턴을 학습하는 약 3일 정도 기간이 필요합니다.

1 스마트폰 설정 메뉴에서 [배 터리 및 디바이스 케어]를 터치 합니다. 2 디바이스 케어 화면의 [지금 최적화]를 터치하여 최적 화 검사를 실행합니다.
악성 앱 감지, 백그라운드에서 실 행 중인 앱 검사, 앱 오류 및 높은 배터리 사용량 등이 검사된 후 최 적화가 완료됩니다.

■ 위젯으로 디바이스 케어 최적화하여 배터리 절약하고 저장공간 확보하기

위젯이란 날씨, 달력, 계산기 등과 같은 유용한 기능과 각종 정보(콘텐츠)를 담고 있는 작은 크기의 애플리케이션을 얘기합니다. 바로가기 단축 아이콘 형태로 만들어 PC, 휴대폰, 블로그·카페 등에서 웹브라우저를 통하지 않고 클릭만 하면 해당 서비스를 바로 이용할 수 있도록 만든 미니 응용 프로그램입니다. 휴대폰에 위젯을 설치하여 디바이스를 최적화하면 배터리 절약 및 저장공간 확보를 할 수 있습니다.

1 [홈 화면 빈 공간]에 손가락을 대고 약 1~2초 길게 터치합니다. 2 화면 하단 [위젯] 버튼을 선택합니다. 3 ① 상단의 위젯 검색창에서 [디바이스 케어]를 검색하면 ② 검색창 아래에 [디바이스 케어] 종류가 검색됩니다. [디바이스 케어]를 터치하면 ③ 디바이스 케어 위젯 종류 2개가 나열됩니다. 2개의 위젯 중 추가할 [위젯]을 선택하여 터치하면 홈 화면에 위젯이 추가됩니다.

▶ ① 홈 화면에 추가된 [디바이스 케어 위젯]을 터치하면 ② 하단에 작은 크기의 팝업 창이 열리는데 [RAM OOOMB를 확보했어요.]라고 알려줍니다. 한 번 더 터치하면 [휴대전화를 최적화했습니다.]라고 나옵니다. 이와 같이 하루에 약 2~3회 디바이스 케어 위젯을 이용하여 스마트폰을 최적화하면 배터리 절약 및 스마트폰 저장공간도 확보할 수 있습니다.

■ 백그라운드 사용 제한으로 자주 사용하지 않는 앱 절전하기

스마트폰에 수많은 앱이 설치되어 있는데 거의 사용하지 않고 관리하지 않는 앱도 포함되어 있습니다. 최신 안드로이드 버전에서는 앱을 일정 기간 사용하지 않으면 주기적으로 체크하여 절전 앱으로 설정합니다. 절전 상태로 바뀌게 되면 백그라운드에서 실행되지 않고 사용자가 앱을 실행했을 때만 이용할 수 있어 배터리 소모를 줄일 수 있습니다.

 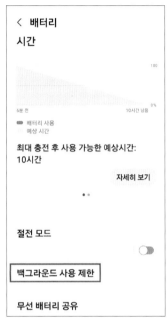 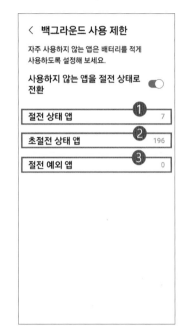

1️⃣ 설정 화면에서 [배터리 및 디바이스 케어] 메뉴 화면으로 이동합니다. 디바이스 케어 화면에서 [배터리]를 터치합니다. 2️⃣ 배터리 화면에서 절전 앱을 확인하기 위해 [백그라운드 사용 제한]을 터치합니다. 3️⃣ 백그라운드 사용 제한 화면에서 자주 사용하지 않는 앱을 설정할 수 있습니다.
① [절전 상태 앱]은 일부 경우에만 백그라운드에서 실행되며 업데이트나 알림이 바로 오지 않을 수 있습니다.
② [초절전 상태 앱]은 절대 백그라운드에서 실행되지 않으며, 업데이트나 알림을 받을 수 없고 해당 앱을 열 때만 실행됩니다.
③ [절전 예외 앱]에서는 절전 상태를 해제할 수 있습니다.

[절전 상태 앱] 및 [초절전 상태 앱]으로 설정이 되면 배터리 소모를 줄일 수 있지만 알림이나 업데이트를 받을 수 없는 경우가 발생되기 때문에 사용 용도에 맞춰 예외 설정을 해두는 것이 스마트폰 사용에 도움이 될 수 있습니다.

※삼성 갤럭시 Z플립3 안드로이드 버전12 기준으로 작성하였으므로 구 버전이나 안드로이드13 버전의 안드로이드에서는 적용되지 않을 수 있습니다.

3. 스마트폰 저장공간 확보하기
■ 디바이스 케어 기능 활용하기

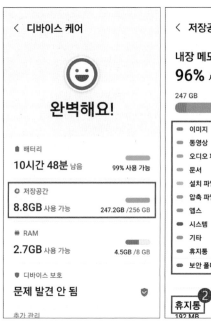

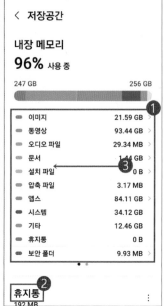

1 스마트폰 설정 메뉴에서 [배터리 및 디바이스 케어]를 선택합니다. 저장공간 확보를 위해 [저장공간]을 터치합니다. 2 저장공간의 [내장 메모리]에는 ① [이미지, 동영상, 오디오 파일, 문서 등의 섹션]이 존재합니다. 섹션별로 각각 터치하여 불필요한 파일들을 삭제할 수 있습니다. ② 하단 섹션에는 [휴지통], [사용하지 않는 앱], [중복 파일], [용량이 큰 파일]등의 섹션이 있습니다. 각각의 섹션별로 필요 없는 파일들을 선택하여 삭제할 수 있습니다. ③ [SD]카드가 들어있는 경우 내장 메모리 섹션 화면 부분에서 화면 좌측으로 스크롤 하면 [SD 카드] 파일들도 삭제할 수 있습니다.

■ 내 파일 통화녹음 삭제하기

통화 자동 녹음된 파일 중 필요 없는 파일들을 삭제하여 저장공간을 확보할 수 있습니다.

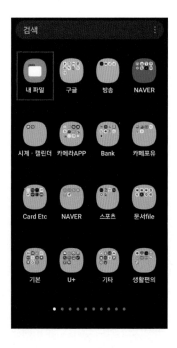

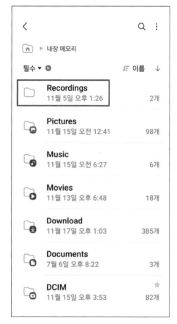

1 스마트폰 앱스 화면에서 [내 파일] 앱을 터치합니다. 2 ① 내 파일 화면의 [카테고리] 메뉴를 각각 터치하여 불필요한 자료를 삭제할 수 있습니다. ② [내장 메모리]를 터치합니다.
3 내장 메모리 폴더에서 [Recordings] 폴더를 선택합니다.

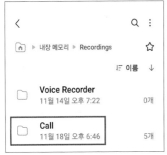

1️⃣ [Call] 폴더를 선택합니다. [Call] 폴더 상단 우측의 점 3개 모양의 [더보기]를 터치합니다.
2️⃣ 더보기 화면이 열리면 [편집]을 터치합니다. 3️⃣ ① 상단 좌측의 [전체]를 터치하면 [통화 녹음] 내역 전체가 선택이 됩니다. ② 하단 메뉴에서 [모두 삭제]를 터치하면 통화 내역이 모두 삭제되고 저장공간이 확보됩니다.

■ 앱별로 저장공간 캐시 삭제하기

1️⃣ 스마트폰 설정에서 [애플리케이션] 메뉴로 들어가면 내 스마트폰에 설치된 앱이 보입니다. 그중 임의로 [카카오톡] 앱을 선택합니다. ① 화면을 위로 스크롤 하여 ② [저장공간]을 터치합니다. 2️⃣ 사용 중인 저장공간에서 캐시 확인 후 화면 하단의 [캐시 삭제]를 누르면 삭제한 캐시 메모리 용량만큼의 저장공간이 확보됩니다.

■ 카카오톡 캐시 데이터 파일 삭제

카카오톡에서는 메시지, 사진, 동영상, 파일 등을 주고받는 일이 많습니다. 이런 파일들은 데이터 폴더 형태로 저장되기 때문에 휴대폰 용량을 차지하게 됩니다. 카카오톡의 원활한 사용 환경을 위해 카카오톡 용량을 정리하여 저장공간 확보를 할 필요가 있습니다.

  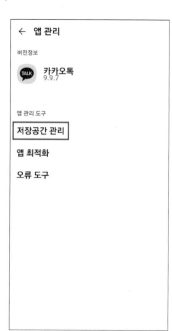

1 ① 카카오톡 앱을 실행하여 상단 우측 톱니바퀴 모양의 [설정] 아이콘을 터치합니다. ② 설정 창에서 [전체 설정]을 터치합니다. **2** 설정 화면의 하단 가장 아래의 [앱 관리]를 터치합니다. **3** 앱 관리 화면에서 [저장공간 관리] 목록을 터치합니다.

 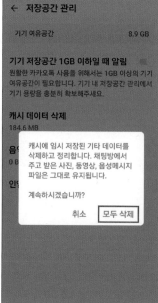

1 저장공간 관리 화면에서 [캐시 데이터 삭제] 및 [음악 캐시 데이터 삭제]의 데이터 용량 확인 후 삭제할 캐시 종류를 선택합니다.

2 '캐시에 임시 저장된 기타 데이터를 삭제하고 정리'한다는 팝업 창이 열립니다. [모두 삭제]를 터치합니다. 캐시를 삭제해도 채팅방에서 주고받은 사진, 동영상, 음성메시지 파일은 그대로 유지됩니다.

※ 캐시란 데이터 처리를 빠르게 하기 위한 임시 저장공간입니다. 이 임시 저장 공간에 쌓이는 데이터를 캐시 데이터라고 하며 카카오톡을 사용하는 동안 계속 쌓이므로 약 15일 ~30일 정도의 주기적인 삭제를 권장합니다.

■ 카카오톡 채팅방 미디어 데이터 파일 삭제

미디어 데이터란 카톡방에서 주고받은 사진, 동영상, 음성 파일 등을 의미합니다. 위에서 설명한 캐시 삭제만으로는 많은 저장공간 확보가 어렵습니다. 내가 활동하고 있는 채팅방에는 텍스트 파일보다 용량이 큰 사진, 동영상 등 미디어 파일들이 남아 있기 때문에 필요 없는 미디어 파일들을 삭제하면 보다 더 많은 저장 공간을 확보할 수 있습니다.

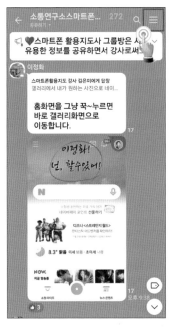 

1 채팅방 상단 우측의 줄 3개 모양의 [더보기] 아이콘을 터치합니다. 2 채팅방 서랍이 열리면 우측 하단 톱니바퀴 모양의 [설정] 아이콘을 터치합니다.

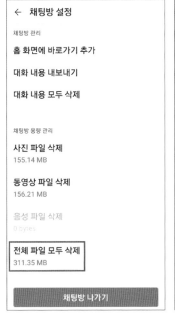 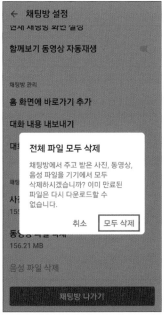

1 채팅방 설정 화면의 '채팅방 용량 관리' 카테고리를 확인을 하고 내가 지우고 싶은 미디어 파일 종류를 선택합니다. 파일 전체를 삭제하고 싶다면 [전체 파일 모두 삭제]를 선택합니다. 2 [모두 삭제]를 터치하여 저장공간을 확보합니다.

4. Google 계정 2단계 인증 사용(개인정보 보호를 위해 필수)

2단계 인증을 사용하면 비밀번호가 도용되는 경우에 대비하여 계정 보안을 한층 강화할 수 있습니다. 2단계 인증을 설정한 후에는 비밀번호와 휴대전화 번호를 사용하여 계정에 로그인할 수 있습니다.

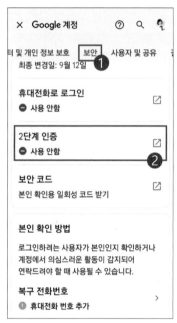

1 설정 메뉴에서 [Google] 메뉴로 들어갑니다. 2 2단계 인증을 할 계정 확인 후 [Google 계정 관리]를 터치합니다. 3 Google 계정이 열리면 ① 탐색 패널에서 [보안]을 선택합니다. ② 2단계 인증을 사용하지 않고 있음을 확인할 수 있습니다. [2단계 인증]을 터치합니다.

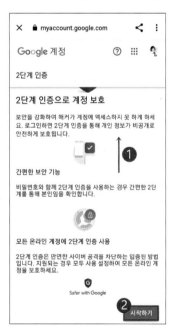
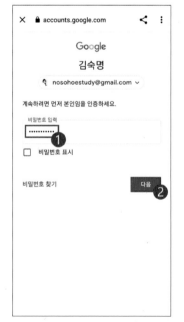

1 2단계 인증 화면이 나오면 화면 ① 위로 스크롤 하여 ② [시작하기]를 터치합니다.
2 ① [비밀번호 입력]을 하고 ② [다음]을 터치합니다. 3 [계속]을 터치합니다.

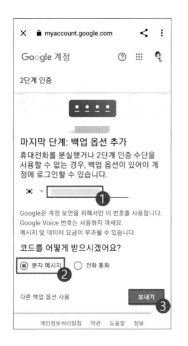

1 ① [휴대전화 번호를 입력]하고 ② [코드 받는 방법] 선택 후 ③ [보내기]를 터치합니다. **2** SMS로 전송된 인증 코드 [6자리 숫자] 입력 후 [다음]을 터치합니다. **3** [사용 설정]을 터치합니다.

1 [2단계 인증된 설정 날짜]를 안내해 줍니다. **2** 탐색 패널의 보안 2단계 인증이 [사용]으로 변경되었음을 확인할 수 있습니다. **3** 2단계 인증을 받았던 Google 계정에서 로그아웃 후 다시 로그인을 시도하면 1단계 비밀번호 입력 후 [2단계 인증 절차]를 거치는 것을 확인할 수 있습니다.

1. 말로 문자 보내기

■ 말로 문자 보내기

1 [메시지]를 터치합니다. **2** [대화] 말풍선을 터치합니다. **3** ① [받는 사람]을 터치하여 전화번호를 입력하거나 ② [∨]를 터치하여 연락처에서 검색하여 받는 사람을 선택합니다. ③ 대화창을 터치하여 키보드가 보이게 합니다.

1 키보드 상단 메뉴의 ① [마이크]를 터치합니다. **2** ② [마이크]가 파랗게 활성화될 때 보낼 말을 합니다. **3** ③ 보낼 말을 다 하고 [마이크] 버튼을 누르면 [일시 정지] 되면서 ④ 대화창에 음성으로 입력한 말이 [텍스트로 변환]되어 나타납니다. ⑤ 대화창의 글을 확인하고 [보내기]를 터치하면 문자로 전송이 됩니다.

■ 카카오톡 말로 문자 보내기

1️⃣ ① 아래쪽 [채팅]을 터치하여 대화를 나누고 싶은 사람을 선택하거나 검색을 합니다. 채팅 대화방에 들어옵니다. 2️⃣ ② 대화방 아래쪽 [입력란]을 터치하면 키보드가 보입니다.
3️⃣ ③ 키보드 상단 메뉴의 [마이크]를 터치합니다.

 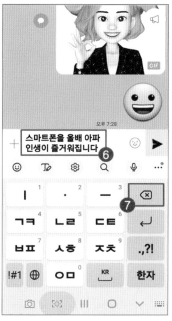 

1️⃣ ④ [마이크]가 파랗게 활성화될 때 보내고 싶은 말을 합니다. 음성이 정확하지 않으면 오타가 있을 수 있습니다. ⑤ [키보드 모양]을 터치합니다. 2️⃣ ⑥ 오타가 있는 곳을 살짝 터치하고
⑦ [문자 메시지]를 지우고 수정합니다. 3️⃣ ⑧ [보내기]를 터치합니다.

2. 네이버 스마트보드

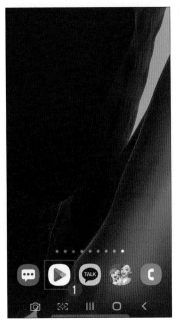   

1️⃣ 홈 화면에서 ① [play 스토어앱]을 터치합니다. 2️⃣ 상단 검색창에 ② [네이버 스마트보드]를 입력합니다. 3️⃣ ③ [설치]를 터치합니다. ④ [열기]를 터치합니다.

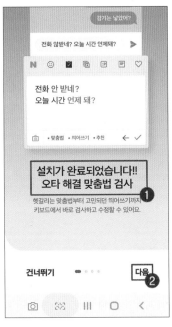  

1️⃣ 주요 기능 설명이 보입니다. ① [오타 해결 맞춤법 검사]가 있으며 ② [다음]을 터치하거나 건너뛰기를 하면 다음 메뉴가 나옵니다. 2️⃣ ③ [이모티콘과 이모지로 감정 표현]을 할 수 있고 ④ [다음]을 터치합니다. 3️⃣ ⑤ [실시간으로 키보드에서 바로 번역]을 할 수 있는 기능을 설명합니다. ⑥ [다음]을 터치합니다.

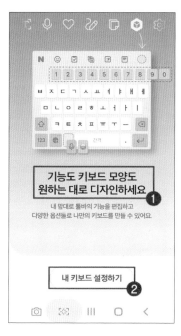

1️⃣ ① [원하는 대로 기능과 키보드 모양도 디자인]을 할 수 있습니다. ② [내 키보드 설정하기]를 터치합니다. 2️⃣ ③ [화살표]를 터치합니다. 3️⃣ ④ [네이버 스마트보드]를 활성화합니다.

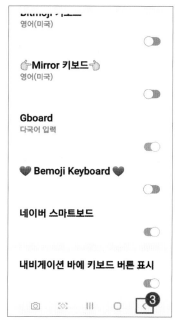

1️⃣ 네이버 스마트보드를 사용하기 위해 개인 데이터 주의 사항을 읽고 ① [확인]을 터치합니다. 2️⃣ ② 한 번 더 [확인]을 터치합니다. 3️⃣ ③ 네이버 스마트보드 버튼이 활성화되면 내비게이션 바의 [<]를 터치합니다. [내비게이션 바에 키보드 버튼 표시]를 활성화하면 키보드 사용 시에 내비게이션 바에 버튼표시가 보이며 터치하면 다른 키보드로 바로 전환 가능합니다.

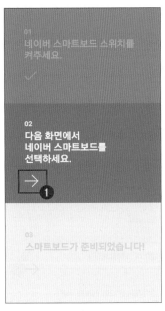  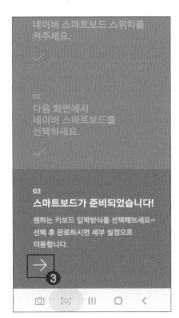

1️⃣ ① [화살표]를 터치합니다.

2️⃣ ② [네이버 스마트보드]를 입력 키보드로 선택합니다.

3️⃣ ③ [화살표]를 터치합니다.

1️⃣ 키보드 선택 화면이 나옵니다. ① 원하는 키보드 방식을 선택하여 터치합니다. ② [∨]를 터치합니다. 2️⃣ 기본설정에서 ③ [키보드 입력방식 + 언어추가]를 터치하면 다른 키보드 입력방식으로 변경하거나 언어를 추가할 수 있습니다. [자주 쓰는 메모]는 자주 쓰는 문구를 미리 등록을해서 바로 사용할 수 있고 [MY 이모티콘]은 텍스트 이모지를 만들어 사용할 수 있고 [MY 스티커]는 내 얼굴이나 사진으로 만들어서 저장해서 메시지 입력 시에 바로 보낼 수 있습니다. 3️⃣ ④ [상세설정] 화면에서 키보드 크기를 조절할 수 있으며, 오타 수정 추천을 받을 수 있습니다. ⑤ [화살표 방향]으로 화면을 위로 드래그합니다. ⑥ [날씨 자동 보기]와 [뉴스 자동 보기]를 활성화하면 키보드에서 자동으로 날씨와 뉴스를 볼 수 있으며 원하지 않으면 비활성화합니다.

1 ① [테마]에서는 자판의 디자인을 바꿀 수 있습니다. ② MY 테마에서 하나씩 터치하면 다운로드받은 키보드 샘플이 보입니다. ③ [더보기]를 터치하면 스마트폰 갤러리에서 사진을 키보드의 배경으로 가져올 수 있습니다. ④ [더보기]를 터치하면 다양한 키보드 샘플이 보입니다.
2 문자 메시지 보내기 창에서 ⑤ [마이크]를 터치합니다. **3** ⑥ [앱 사용 중에만 허용]을 터치하여 권한을 허용합니다.

1 ① [네이버 스마트] 키보드에서 [마이크]를 터치합니다. **2** ② [아이콘 물결]이 움직일 때 말을 하면 문자 입력창에 그대로 문구가 보입니다. **3** 오타가 있을 경우 ③ [자판] 아이콘을 터치하여 수정 후 전송합니다.

1 네이버 스마트보드의 툴바를 내가 원하는 메뉴와 순서를 편집할 수 있습니다. ① [+]를 터치합니다. 툴바 편집 화면이 나옵니다. 2 ② 상단 우측의 [편집]을 터치합니다. 3 ③ 네모 박스 안에 있는 아이콘들이 움직입니다.

1 ① 원하는 아이콘을 드래그하여 원하는 자리로 옮기면 나만의 툴바를 만들 수 있습니다.
2 ② [이모지] 아이콘을 터치합니다. 3 ③ 하단의 종류별 아이콘을 확인합니다.

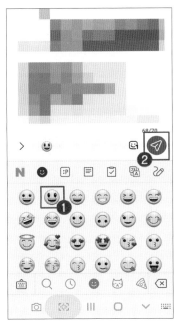

1 ① 보내고 싶은 [이모티콘]을 터치하면 입력창에 보입니다. ② [보내기]를 터치하면 전송됩니다. **2** ③ [이모지] 아이콘을 터치합니다. ④ 목록을 터치하고 이모지 하나를 선택해서 보내기를 할 수도 있고 ⑤ [MY] 아이콘을 터치해서 내 사진으로 만든 스티커들이 보이며 선택해서 보낼 수 있습니다. ⑥ 선택된 [이모지] 아이콘 하나를 터치합니다. **3** ⑦ [연필모양]을 터치합니다. [스티커, 텍스트, 아이콘] 등을 넣어 편집하고 ⑧ [보내기]를 터치하면 전송됩니다.

1 메시지 보내기 창에서 ① [이모티콘] 아이콘을 터치합니다. ② 이모티콘 아이콘을 선택합니다. ③ [MY]를 터치하면 나만의 이모티콘을 만들거나 만들어진 아이콘을 선택할 수 있습니다. ④ [보내기]를 터치하면 전송됩니다. **2** ⑤ [움짤] 아이콘을 터치하고 ⑥ 하단의 종류별 아이콘을 터치합니다. ⑦ 보내고 싶은 움짤을 터치합니다. **3** ⑧ [보내기]를 터치하면 전송됩니다.

1️⃣ ① 문자 입력창에 전송할 내용을 입력한 후 ② [맞춤법] 메뉴를 터치하면

2️⃣ [맞춤법, 띄어쓰기, 추천단어]를 색깔별로 보여줍니다. ③ 추가할 내용이 있으면 자판을 터치하여 추가합니다. ④ [체크]를 터치하면 수정됩니다. 3️⃣ ⑤ [보내기]를 터치하면 전송됩니다.

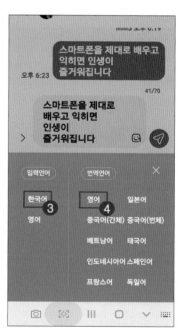

1️⃣ ① [번역] 메뉴를 터치하면 자판에서 즉석 번역을 할 수 있습니다. 2️⃣ ② [화살표]를 터치하여 언어를 선택합니다. 3️⃣ ③ [입력할 언어]와 ④ [번역할 언어]를 선택합니다.

■ ① [마이크]를 터치하여 입력언어로 말을 합니다. ② ② 바로 입력한 언어로 문자로 보여집니다. ③ 동시에 입력창에 번역된 문자가 보입니다. ③ ④ [보내기]를 터치하면 상대방에게 보내집니다. 이렇게 외국인과 실시간 채팅이 가능합니다.

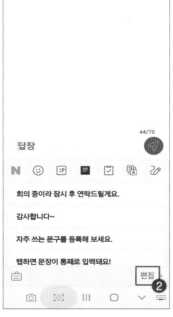
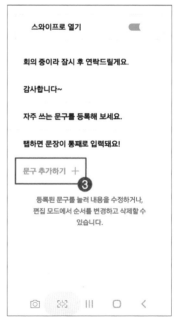

■ ① [자주 쓰는 문구]를 터치합니다. ② 자주 사용하는 문구를 등록해 두면 입력하지 않아도 터치 한 번으로 전송할 수 있습니다. ② [편집]을 터치합니다. ③ ③ [문구 추가하기 +]를 터치합니다.

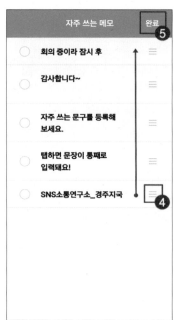

1 ① 자주 사용하는 문구를 입력한 후 ② [완료]를 터치합니다. 새로운 문구가 추가되었습니다.
2 ③ [편집]을 터치합니다. **3** ④ [삼선]을 2초 정도 누른 상태에서 화살표 방향으로 드래그하면 문구의 순서를 바꿀 수 있습니다. ⑤ [완료]를 터치합니다.

1 ① [그림판]을 터치합니다. **2** ② [펜]를 터치하여 색상을 선택합니다. ③ 손 글씨로 원하는 글을 쓰거나 그림을 그릴 수 있습니다. **3** ④ [∨]를 터치하고 전송합니다.

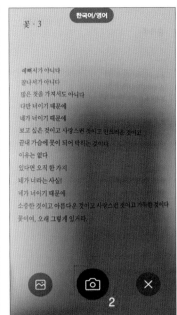

1 ① [문자인식 T]를 터치합니다. **2** ② [카메라]를 터치하면 텍스트를 스캔할 수 있습니다.
3 한국어와 영어를 인식 중이라는 화면이 잠시 보입니다.

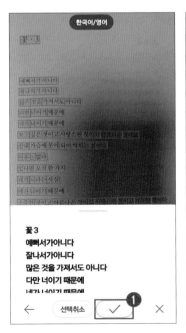

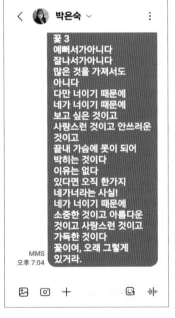

1 ① 화면을 위로 올려 인식되는 글자를 확인한 후 [∨]표시를 터치합니다. 문자 붙여 넣기 완료
창이 보이거나 안 보이는 경우도 있습니다. **2** ② 입력창을 터치하면 인식된 문자가 보이며 문구
를 수정하거나 추가할 수 있습니다. ③ [보내기]를 터치합니다. **3** 전송된 글이 보입니다.

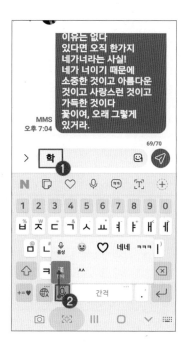

1 ① [한자]로 바꿀 글자를 입력합니다. ② [마이크]에서 손을 떼지 말고 꾹 누르면서 [한자]
위치까지 드래그하면 한자로 전환됩니다. **2** ③ 여러 가지 한자가 보이는데 한글 문자와 맞는
[한자]를 터치하면 **3** ④ 한자로 바뀌는 것을 볼 수 있습니다.

1 다른 키보드로 전환하고 싶을 때는 ① [지구본을 누르면서 손을 떼지 않고 드래그]하여
[다른 키보드]를 터치하면 **2** ② 원하는 키보드로 바꿀 수 있습니다.

참고 : 키보드 버튼 표시가 보이지 않을 경우는 스마트폰 전체 설정에서 일반(언어 및 키보드)을 터치합니
다. 기본 키보드 및 추가 키보드 설정을 터치하고 내비게이션 바에 [키보드 버튼 표시를 활성화]시켜줍니다.

3. 구글 어시스턴트

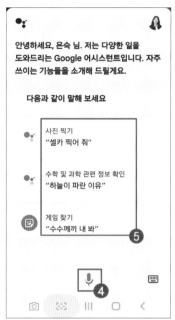

1 ① 구글 [플레이스토어]에서 [구글 어시스턴트]를 ② [설치]합니다. **2** ③ [열기]를 터치합니다. **3** ④ [마이크]를 터치해서 ⑤ 다양한 음성명령을 수행합니다.

1 구글 어시스턴트는 잠금 화면에서도 "오케이 구글" 호출로 명령을 수행하지만 ① [홈 버튼]을 길게 꾹 누르면서 **2** ② [어시스턴트]를 실행하기도 합니다. **3** ③ "오늘 경주 날씨 알려줘"라고 명령을 내리면 ④ 결과를 표시해 주면서 음성으로 알려줍니다.

■ 구글 어시스턴트 음성 모델 학습

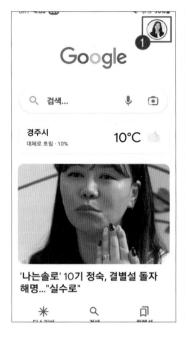  

1 구글 앱을 실행하고 우측 상단 ① [내 계정]을 터치합니다.
2 ② [설정]을 터치합니다.
3 ③ [음성]을 터치합니다.

1 음성 메뉴에서 ① [Hey Google 및 Voice Match]를 터치합니다. **2** ② [Hey Google]을
터치하여 옆으로 살짝 밀어 [활성화]시킵니다. **3** ③ 사용에 [동의]를 터치합니다.

1️⃣ [Hey Google] 사용 준비됨을 확인하고 ① [계속] 버튼을 터치합니다.

2️⃣ 음성 모델에서 ② [음성 모델 다시 학습시키기]를 터치합니다.

3️⃣ ③ [Ok Google 내일 날씨 어때?]라고 음성 인식 녹음을 합니다.

1️⃣, 2️⃣ ① ["Ok Google 매주 월요일 화분에 물 주라고 알려 줘."], ② ["Hey Google 전화 걸어 줘"], ③ ["Hey Google 5분 타이머 설정해 줘"]를 음성인식 녹음을 합니다. 3️⃣ ④ [마침]을 실행합니다.

■ 구글 어시스턴트 명령어

리마인더 ("알려줘"라고 해도 됨)
- ▶ ○○○에게 열 시에 전화하라고 알려줘
- ▶ 내일 아침 10시에 ○○○에게 미팅한다고 리마인드해줘
- ▶ 리마인드한 내용을 다 보고 싶다면
  "리마인드 보여줘"하면 됨

전화(스마트폰에 저장된 전화번호만 가능함)
- ▶ ○○○에게 전화 걸어줘
- ▶ ○○○에게 문자 보내줘
- ▶ 안 읽은 문자 읽어줘
- ▶ ○○○에게 "가고 있다"라고 문자 보내줘

시간
- ▶ 지금 몇 시야?
- ▶ 9시에 알람 해줘
- ▶ 아침 7시에 깨워줘
- ▶ 타이머 1분 설정
- ▶ 지금 미국 뉴욕 몇 시야?
- ▶ 20분 후에 알람 해줘
- ▶ 내일 일몰 시간은?
- ▶ 타이머 취소

동영상
- ▶ 강아지 동영상 보여줘
- ▶ 메이크업 영상 보여줘
- ▶ 제주도 한라산 영상 보여줘

번역, 통역
- ▶ 고맙습니다가 스페인어로 뭐야?
- ▶ 영어로 통역해줘
- ▶ 중국어로 안녕이 뭐야?
- ▶ 중국어로 통역해줘

질문
- ▶ 100제곱 미터는 몇 평?
- ▶ 36인치는 몇 센티미터?
- ▶ 100달러 환율 알려줘
- ▶ 바나나 칼로리는? 구글 주가 알려줘
- ▶ 스타벅스 아메리카노 가격은?
- ▶ 이마트 영업시간은?

게임
- ▶ 500+300+29+90*20은?
- ▶ 주사위 굴리기(주사위 숫자가 나옴)
- ▶ 가상 여친(가상 남진) 불러줘(답답할 수 있음)
- ▶ 1부터 100까지 숫자 중 아무 숫자 뽑아줘나 게임해줘

뉴스
- ▶ 뉴스 들려줘
- ▶ 각 방송사 이름 대고 "뉴스 들려줘" 해도 됨

지역, 위치
- ▶ 가장 가까운 커피숍이 어디야?
- ▶ 근처 칼국수 집 알려줘
- ▶ 전주에서 가볼 만한 곳은?
- ▶ 지금 내 위치 지도로 보여줘

레시피
- ▶ 등갈비 만드는 방법 알려줘
- ▶ 된장찌개 레시피 알려줘
- ▶ 볶음밥 재료 알려줘
- ▶ 불고기 양념 알려줘

음악
- ▶ 이 노래 제목 알려줘
- ▶ 볼륨 최대로 해줘. 볼륨 꺼줘
- ▶ 볼륨 50프로로 해줘
- ▶ 명상 음악 들려줘
- ▶ 삼성뮤직에서 "오라버니" 틀어줘
- ▶ 'G선상의 아리아' 틀어줘

날씨
- ▶ 오늘 날씨 알려줘?
- ▶ 내일 날씨 어때?
- ▶ 내일 비와?
- ▶ 오늘 미세먼지 어때?
- ▶ 오늘 서울 날씨 알려줘
- ▶ 내일 뉴욕 날씨 알려줘

소리(유튜브의 경우 광고를 봐야 하는 경우도 있음)
- ▶ 빗소리 들려줘
- ▶ 백색소음 들려줘
- ▶ 비 오는 숲소리 들려줘

로스트 폰(폰을 찾고자 할 때)
- ▶ 내 폰 어디 있어? (내 기기 찾기 앱이 열립니다)

■ 한국어로 검색어를 말해도 인식이 안 될 때: 설정 언어

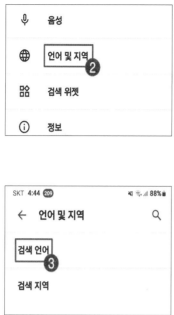
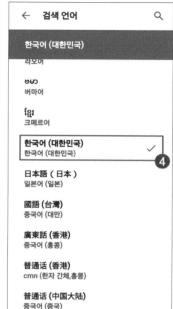

1 ① [설정]을 터치합니다. **2** ② [언어 및 지역]을 터치합니다. ③ [검색언어]를 터치합니다.
3 ④ [한국어]를 선택합니다.

■ 하나의 명령으로 여러 가지 동시에 작업하기

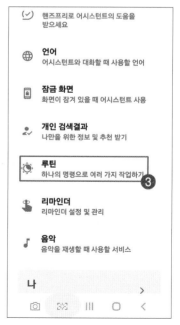

1 ① [설정]을 터치합니다. **2** ② [Google 어시스턴트]를 터치합니다. **3** ③ [루틴]을 터치
합니다.

■ 원하는 음악명을 얘기했을 때 삼성폰의 경우 삼성뮤직에 있는 것을 바로 나오게
하고자 할 때

1 구글 앱을 실행하고 ① [내 계정]을 터치합니다.
2 ② [설정]을 터치합니다.
3 ③ [구글 어시스턴트]를 터치합니다.

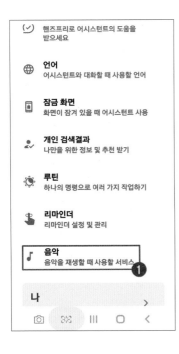
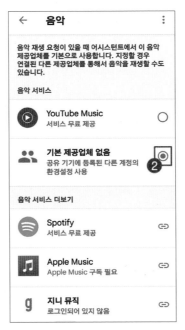

1 ① [음악]을 터치합니다.
2 ② [기본 제공업체 없음]을 터치하여 활성화합니다.

4. 구글렌즈

사진 촬영 및 사진 인식으로 번역, 텍스트 추출, 검색, 문제 풀이, 쇼핑, 장소 검색, 식당 검색 등 다양한 기능을 제공합니다.

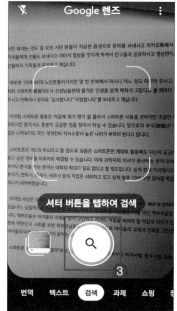
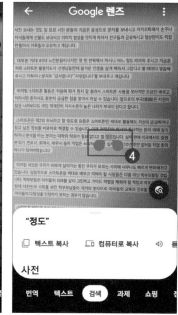

1️⃣ [플레이 스토어]에서 ① [구글 렌즈]를 설치합니다. ② [열기]를 터치합니다. 2️⃣ 하단 메뉴에서 [검색]을 선택하고 ③ [스캔] 영역을 정하고 촬영합니다. 3️⃣ ④ 텍스트가 스캔이 되면 검색하고자 하는 문구를 선택하여 터치합니다.

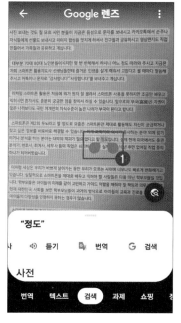

1️⃣ ① 하단에 선택한 문구에 대한 검색을 보여줍니다. 2️⃣ 드래그하여 선택할 ② [구간을 설정]합니다. ③ [텍스트 복사]를 터치하여 복사하여 원하는 곳에 붙여넣기 할 수 있습니다.
3️⃣ ④ [듣기, 번역, 검색]이 추가로 가능합니다.

1등 비서! 스마트폰 제대로 활용하기!

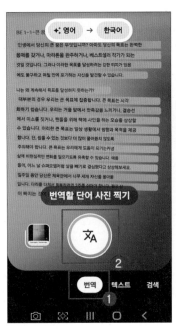
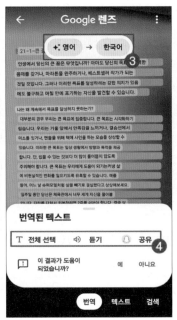
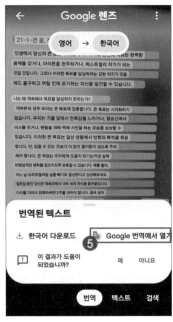

1️⃣ 렌즈 메뉴 중 ① [번역]을 터치하고 ② [사진]을 촬영합니다. 2️⃣ ③ [언어]를 원하는 언어로 선택합니다. 바로 번역된 문장을 보여줍니다. ④ [전체 선택, 듣기, 공유, 한국어 다운로드, 구글 번역에서 열기] 사용 가능합니다. [전체 선택]을 터치하면 텍스트를 복사하여 원하는 곳에 붙여 넣기를 할 수 있습니다. 3️⃣ ⑤ [구글 번역에서 열기]를 터치하면 [구글 번역]에서 번역된 내용 을 볼 수 있습니다.

1️⃣ ① 렌즈 메뉴 중 [장소]를 터치합니다. ② [갤러리]에서 사진을 불러오거나 ③ [촬영] 버튼 을 눌러 사진을 촬영합니다. 2️⃣ ④ 인식된 건물을 보여줍니다. 인식된 건물의 ⑤ [이름]을 나타내 고 화면을 ⑥ [드래그]하여 위로 살짝 올리면 3️⃣ ⑦ 인식된 건물과 일치하는 다른 ⑧ [사진]들 을 보여 줍니다.

  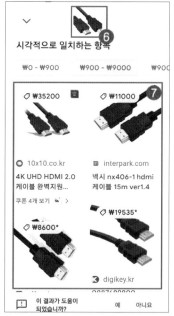

1 ① 렌즈 메뉴 중 [쇼핑]을 터치합니다. ② [갤러리]에서 사진을 불러오거나 ③ [촬영] 버튼을 눌러 사진을 촬영합니다. 2 ④ 인식된 물건을 보여줍니다. ⑤ [드래그]하여 위로 살짝 올리면 3 ⑥ 인식된 물건과 시각적으로 일치하는 다른 ⑦ [사진]들을 보여 줍니다. 원하는 물건을 터치하면 해당 사이트로 전환되어서 구매할 수 있습니다.

1. 구글 계정 만들기
(같은 종류의 스마트폰인데 내폰에만 앱이 보이지 않는 경우)

구글 계정(Google Account)은 구글의 온라인 서비스에 접근 인증과 허가를 제공하는 사용자 계정입니다.

스마트폰(구글 안드로이드 스마트폰)을 사용하기 위해서는 지메일(g-mail) 계정이 있어야 합니다.
스마트폰에서 지메일 계정을 새로 만들거나, 이미 사용하고 있는 지메일 계정의 비밀번호를 변경하는 방법에 대해서 알아보겠습니다.

1️⃣ 구글을 실행합니다. 오른쪽 하단의 [더보기]를 터치합니다. 2️⃣ 상단의 이름과 계정 주소가 있는 부분을 터치합니다. 3️⃣ [다른 계정 추가]를 터치합니다. 4️⃣ ①[계정 만들기]를 터치합니다.
②[다음]을 터치합니다.

 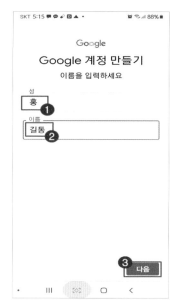 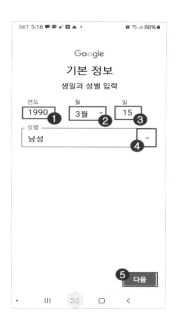

1 ①[**본인 계정**]을 터치합니다. ②[**다음**]을 터치합니다. **2** ①자신의 성과 ②이름을 입력하고 ③[**다음**]을 터치합니다. **3** ①출생연도를 입력한 후 ②역삼각형을 터치하여 태어난 달을 선택합니다. ③태어난 날짜를 입력하고 ④역삼각형을 터치하여 성별을 선택한 후 ⑤[**다음**]을 터치합니다.

1 ①[**사용자 이름**]에 사용할 이름을 영문으로 입력한 후 ②[**다음**]을 터치합니다.

2 ①방금 입력한 이름이 이미 사용되고 있어서 비슷한 다른 이름을 추천해 줍니다.
②추천해 준 이름이나 다른 이름을 입력합니다. ③[**다음**]을 터치합니다.

3 ①앞으로 사용할 비밀번호를 입력합니다. 한 번 더 입력하는 창이 있는 경우도 있습니다.
②[**다음**]을 터치합니다.

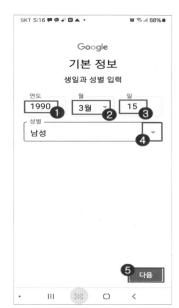

1 ①[본인 계정]을 터치합니다. ②[다음]을 터치합니다. 2 ①자신의 성과 ②이름을 입력하고
③[다음]을 터치합니다. 3 ①출생연도를 입력한 후 ②역삼각형을 터치하여 태어난 달을 선택합니다.
③태어난 날짜를 입력하고 ④역삼각형을 터치하여 성별을 선택한 후 ⑤[다음]을 터치합니다.

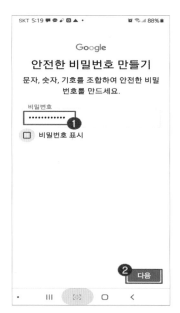

1 ①[사용자 이름]에 사용할 이름을 영문으로 입력한 후 ②[다음]을 터치합니다.
2 ①방금 입력한 이름이 이미 사용되고 있어서 비슷한 다른 이름을 추천해 줍니다.
②추천해 준 이름이나 다른 이름을 입력합니다. ③[다음]을 터치합니다.
3 ①앞으로 사용할 비밀번호를 입력합니다. 한 번더 입력하는 창이 있는 경우도 있습니다.
②[다음]을 터치합니다.

2. 앱 삭제 및 구매 인증 요구

1️⃣ [Play 스토어] 홈 화면에서 [추천] 메뉴는 구글에서 추천해 주는 앱을 보여주며 테마별로 검색할 수 있습니다. 2️⃣ ① [인기차트]에서는 인기 있는 앱들을 검색할 수 있습니다. ② [카테고리]별로 앱을 검색해 볼 수 있습니다. 3️⃣ 카테고리 목록에서 [교육]을 터치합니다.

1️⃣ 교육에 관련된 앱을 인기순으로 검색해 줍니다. 2️⃣ [Play 스토어] 홈 화면 우측 상단에 있는 [계정]을 터치합니다. 3️⃣ [앱 및 기기 관리]를 터치합니다.

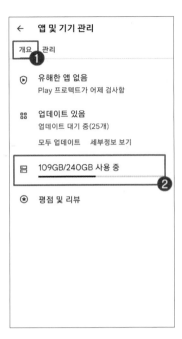

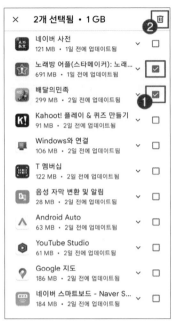

1 ① [개요]에서 ② 스마트폰의 총 저장용량 중 현재 저장된 용량을 보여줍니다. 저장공간 관리를 위해 터치합니다. **2** 설치된 앱들을 드래그해서 확인할 수 있습니다. **3** ① 불필요한 앱을 체크합니다. 2개의 앱을 선택하니 1GB가 상단에 표시됩니다. ② 저장공간 확보를 위해 [삭제] 휴지통을 터치합니다.

1 [제거]를 터치합니다. **2** [앱 및 기기 관리]에서 ① [관리]를 터치합니다. ② [설치됨]을 터치합니다. **3** [설치되지 않음]을 터치하면 스마트폰에 설치되었다가 삭제된 앱을 확인할 수 있습니다.

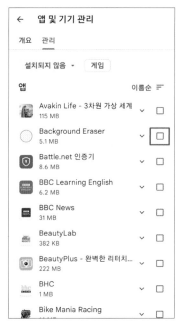
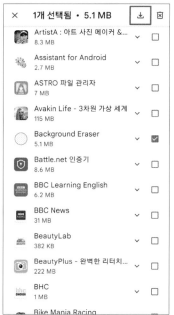

1 다시 설치하고 싶은 앱이 있으면 [앱 체크박스]를 터치합니다. **2** 우측 상단의 [다운로드]를 터치합니다. **3** [Play 스토어] 홈 화면 우측 상단의 계정에서 [설정]을 터치합니다.

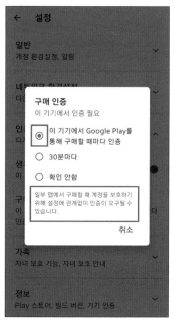

1 앱 구매 시 인증 확인을 위해 [인증]을 터치합니다. **2** 구매 시 인증 요구가 [확인 안 함]으로 되어 있는지 확인합니다. 앱을 결제할 때 인증 절차로 [구매 시 인증 요구]가 표시되어 있어야 앱을 실수로 결제하거나 무분별한 앱 결제를 막아주고 계정을 보호할 수 있습니다. **3** [구매할 때마다 인증]으로 체크합니다.

3. 구독 취소하기

1️⃣ 홈 화면에서 [Play 스토어]를 터치합니다.
2️⃣ [내 계정 아이콘]을 터치한 후
3️⃣ [결제 및 정기 결제]를 터치합니다.

1️⃣ [정기 결제]를 터치합니다.
2️⃣ [정기 결제하는 앱]목록이 나타나면 [구독 취소할 앱]을 선택합니다.
3️⃣ [구독 취소]를 터치합니다.

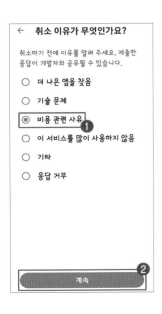  

1️⃣ ① 해당되는 [취소사유]를 선택한 후 ② [계속]을 터치합니다.

2️⃣ [구독 취소]를 터치합니다.

3️⃣ [구독]이 취소됩니다.

4. 숨어있는 앱 찾기

1️⃣ 홈 화면에 [앱스 버튼]을 터치합니다.

2️⃣ [검색 상자]를 터치한 후

3️⃣ 예로 앱 이름 [배달의 민족]을 입력하고 검색합니다.

 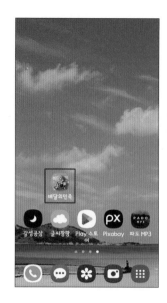

1 배달의 민족 아이콘이 [표시]되면 2초 정도 눌러서 [앱 위치 찾기] 팝업창이 뜨면 [홈에 추가]를 터치합니다.

2 홈 화면에 [배달의 민족] 앱 아이콘이 생성되었습니다.

memo

5. 앱 환불

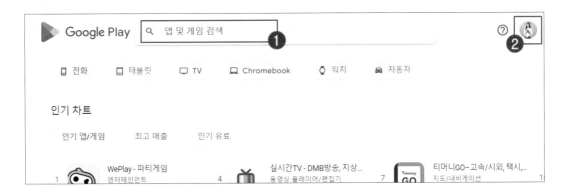

[구글 Play 스토어]에서 실수로 [앱]을 구매한 경우 환불하는 방법에 대해 알아보겠습니다.

▶ PC에서 구글 플레이 스토어 홈페이지(https://play.google.com)에 접속합니다.

   ① 찾고 싶은 앱을 검색해 볼 수 있습니다. ② 우측상단의 [계정]을 터치합니다.

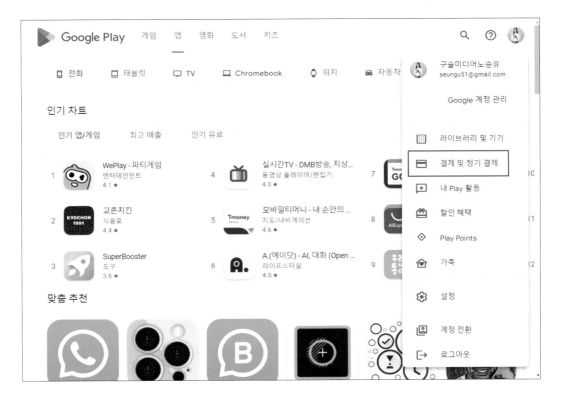

▶ 실수로 구매한 앱을 환불받거나 정기 결제를 취소하고 싶다면 [결제 및 정기 결제]를 터치합니다.

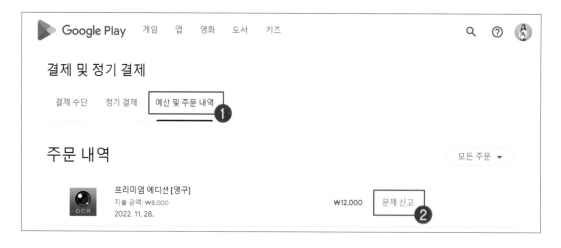

▶ ① [예산 및 주문 내역]을 터치합니다. 구입 취소를 희망하는 앱이 보이면 ② [문제 신고]를 클릭합니다.

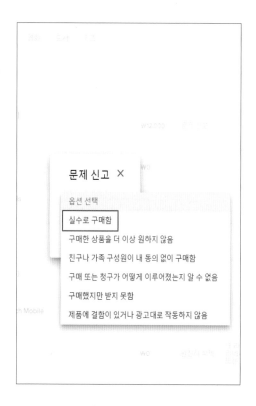

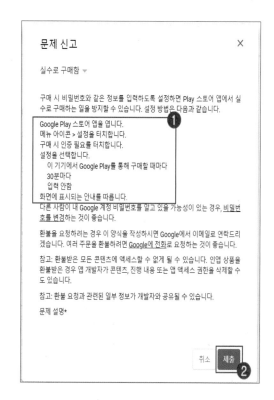

1 [문제 신고] → [옵션 선택]에서 취소사유에 해당하는 내용을 터치합니다.

2 ① 실수로 앱을 구매하지 않기 위한 방법에 대해 설명하고 있습니다. ② [제출] 버튼을 클릭하면 실수로 구매한 앱에 대해서 특별한 사유가 없는 한 다음날 바로 환불 처리됩니다.

6. 내 기기 찾기

▶ 내 기기가 무음으로 되어 있고 찾을 수 없을 때
  ① PC에서 Google 홈페이지에서 [내 기기 찾기]를 검색합니다.
  ② https://myaccount.google.com/find-your-phone [휴대전화 찾기]를 클릭합니다.

▶ 내 기기와 PC의 google 계정이 같아야 연동이 되며 내 기기의 위치를 찾을 수 있습니다.
  ① [소리 재생]을 클릭하면 스마트폰이 무음으로 설정된 경우에도 기기 벨소리가 5분 동안
  울리게 됩니다. ② 내 기기가 꺼져있다면 [기기 초기화]를 클릭하여 내 기기를 초기화해 줍니다.
  꺼져있던 기기가 켜지는 순간 초기화가 진행됩니다.
▶ 모바일에서도 [Google 내 기기 찾기] 앱을 설치하고 [게스트로 로그인]을 터치해서 찾고자
  하는 기기의 구글 계정을 입력하면 [소리 재생]과 [잠금 및 초기화 설정]을 할 수 있습니다.

7. 보안 폴더에 앱 숨기기(나만 보고 싶은 앱이 있는 경우)

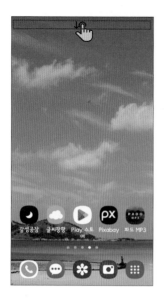

1 홈 화면에서 [상태 알림줄]을 아래로 드래그합니다.
2 빠른 실행 창에서 [보안 폴더]를 활성화합니다.
3 보안 폴더 안에는 [기본 폴더]가 세팅되어 있습니다.

1 보안 폴더에서 [+]표시를 터치하면 앱을 추가할 수 있습니다.
2 ① [Play 스토어나 Galaxy 스토어]에서 앱 검색 및 ② [휴대폰]에서 ③ [앱 추가]를 할 수 있습니다. **3** [돋보기]를 터치하면 보안 폴더 안에 있는 앱을 검색할 수 있습니다.

1️⃣ [더보기]를 터치하면 2️⃣ 주요 기능으로 파일 추가 및 설정 기능(잠금 형식)을 사용할 수 있습니다.

3️⃣ 파일 추가로 이미지, 동영상, 오디오, 문서 등을 추가할 수 있습니다. (해제 시는 보안 폴더에서 내보내기)

1️⃣ 설정에서는 사용자가 편리한 잠금 방식을 지정할 수 있습니다. (예시: 패턴, PIN 방식, 비밀번호, 지문) 2️⃣ 보안 폴더에서 앱을 설치 삭제하면 보안 폴더 안에서 사라집니다. (휴대폰에서는 남아있음)

1. 스텔라 브라우저

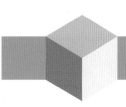

[스텔라 브라우저] 앱(APP) 소개

▶ 스텔라 브라우저는 빠르고 강력한 사용성을 갖춘 다운로드 전용 웹 브라우저입니다.

▶ 다른 추가 설치 없이 스텔라 브라우저 단 하나로 유튜브, 페이스북, 데일리모션, 인스타그램, 카카오, 네이버, 다음 등에서 동영상을 쾌적하게 다운로드할 수 있습니다.

▶ 스텔라 브라우저는 초고속 다운로드로 시간과 데이터 요금을 아껴줍니다.

▶ 스텔라 브라우저는 어떠한 악성코드와 바이러스로부터 안전하며 민감한 사용자 권한과 정보를 요구하지 않습니다.

▶ 스마트폰이 꺼지더라도 다운 중인 파일은 놓치지 않고 그대로 이어받아 다운됩니다.

▶ 네이버, 카카오, 다음의 고화질 영상을 보면서 동시에 다운로드할 수 있습니다.

[원스토어 앱이 스마트폰에서 검색되지 않는 경우]

1. 스마트폰 [설정]의 [애플리케이션]에서 [원스토어]를 검색하고 [사용 중지] 되어 있는지 확인하고 [사용]으로 변경해 줍니다.

2. 스마트폰 [설정]의 [애플리케이션]에서도 확인이 안 되는 경우 네이버에서 [원스토어] or [스텔라 브라우저]를 검색해서 [원스토어 APK] 파일을 다운받아 설치해 줍니다.

3. 구글에서 [업투다운]을 검색하고 [Uptodown App Store]를 터치해서 우측 상단의 돋보기 검색을 터치해서 [stellar browser]를 입력하고 [최신 버전]으로 다운받아 줍니다.

4. 상단의 QR코드를 스캔하면 [스텔라 브라우저]를 쉽게 다운로드할 수 있습니다.

1️⃣ 홈 화면 또는 앱스화면에서 [원스토어]를 터치합니다.

2️⃣ 하단 메뉴 중 [검색]을 터치합니다.

3️⃣ 상단 검색창에 [스텔라 브라우저]를 입력합니다.

1️⃣ 스텔라 브라우저 [다운로드]를 터치합니다.

2️⃣ 스텔라 브라우저가 설치되었다면 하단의 [실행]을 터치합니다.

3️⃣ 다운로드 한 파일을 저장할 경로를 선택할 수 있는 [확인]을 터치합니다.

1️⃣ 내 기기 내부저장소의 [DCIM] 파일을 선택하고 [이 폴더 사용]을 터치합니다.

2️⃣ DCIM 파일에 저장된 콘텐츠에 액세스할 수 있는 [허용]을 터치합니다.

3️⃣ 백그라운드 실행을 위해 [확인]을 터치합니다.

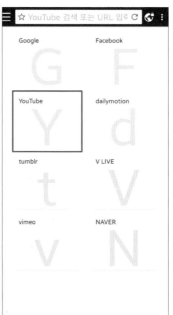

1️⃣ 배터리 사용량 최적화 중지를 위해 [허용]을 터치합니다.

2️⃣ 스텔라 브라우저 첫 화면에서 [유튜브 아이콘]을 터치합니다. 상단의 검색창에 검색할 수도 있습니다. 3️⃣ 유튜브 화면에서 [검색]을 터치하여 다운받을 [노래 제목]이나 [가수]를 입력합니다.

1 ① 검색창에 [이문세 가을]을 입력하고 ② 검색된 [영상]을 터치합니다.
2 검색된 영상을 다운로드하려면 우측 하단의 화살표 모양의 [다운로드 아이콘]을 터치합니다.
3 하단의 팝업창에서 ① 음원만 다운로드하려면 [MP3]를 터치합니다. ② 동영상을 다운로드하려면 [360P]를 터치합니다.

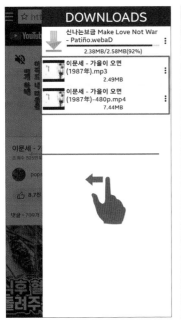

1 다운로드된 음원과 동영상은 스텔라 브라우저 화면 우측 끝을 [좌측으로] 드래그하면 다운로드된 리스트가 보입니다. **2** 다운로드된 음원은 [삼성뮤직] 또는 [음악 플레이어]에 저장됩니다.
3 다운로드된 동영상은 갤러리 앨범 [DCIM]에 저장됩니다.

■ 무료 배경음악과 무료 영상소스 다운받기

1 스텔라 브라우저 유튜브에서 [검색]을 터치합니다. 2 [무료배경음악]을 입력하고 검색창 오른쪽의 [필터 아이콘]을 터치합니다. 3 [전체]를 터치합니다.

1 팝업 메뉴에서 [재생목록]을 터치합니다. 2 다운받을 [재생목록]을 터치합니다.
3 재생목록에서 영상을 하나씩 다운받을 수도 있지만 재생목록 전체 다운로드를 위해 우측 하단의 [화살표 아이콘]을 터치합니다.

1등 비서! 스마트폰 제대로 활용하기!

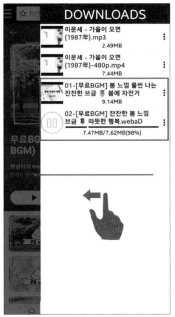

1️⃣ [파일 이름 앞에 순서대로 번호 붙이기]를 체크하고 [MP3]를 터치합니다.
2️⃣ 스텔라 브라우저 화면 오른쪽을 [좌측으로] 밀면 다운로드되는 것을 확인할 수 있습니다.
3️⃣ 다운로드된 음원은 [삼성뮤직] 또는 [음악 플레이어]에 저장됩니다.

1️⃣ 스텔라 브라우저 유튜브에서 [검색]을 터치합니다. 2️⃣ [무료영상소스]를 입력하고 검색창 오른쪽의 [필터 아이콘]을 터치합니다. [전체]를 터치합니다. 3️⃣ 팝업 메뉴에서 [재생목록]을 터치합니다.

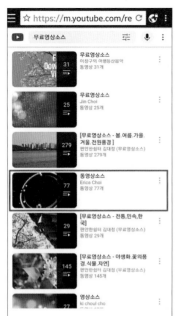  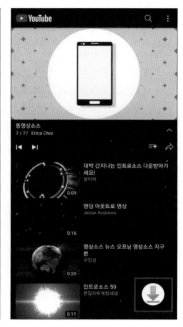

1 다운받을 [재생목록]을 터치합니다. 2 재생목록에서 다운받을 영상을 터치합니다.
3 동영상 다운로드를 위해 우측 하단의 [화살표 아이콘]을 터치합니다.

 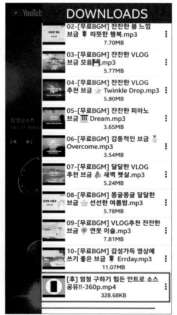 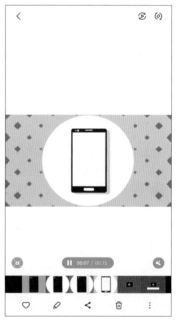

1 동영상 다운로드를 위해 [360P]를 터치합니다. 2 스텔라 브라우저 화면을 [좌측으로] 밀
면 다운로드된 것을 확인할 수 있습니다. 3 다운로드된 동영상은 갤러리 앨범 [DCIM]에 저장
됩니다.

■ 유튜브에서 음악 & 동영상 다운받기

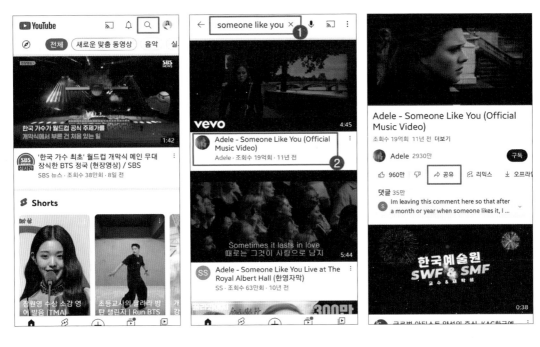

1️⃣ 유튜브 앱을 열어 우측 상단의 [검색]을 터치합니다. 2️⃣ ① 상단 검색창에 다운로드하고 싶은 노래 [someone like you]를 입력합니다. ② 검색된 영상 [이미지나 제목]을 터치합니다. 3️⃣ 영상 하단의 [공유]를 터치합니다.

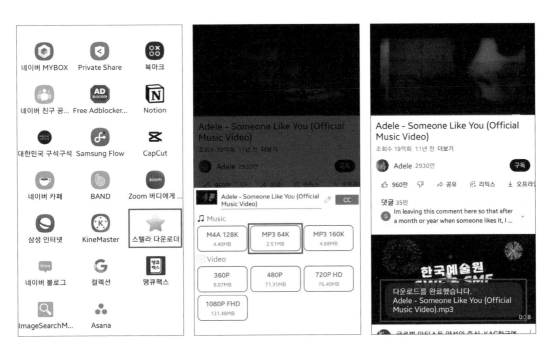

1️⃣ [스텔라 다운로더]를 터치합니다. 2️⃣ 팝업창이 열리고 음원 다운로드를 위해 [MP3]를 터치합니다. 3️⃣ 다운로드 완료 팝업창이 뜨면 다운받은 음원은 [삼성뮤직] 또는 [음악 플레이어]에 저장됩니다.

2. 브레이브 브라우저 & y2mate
■ 브레이브 브레이저(광고 없이 유튜브 보기)

브레이브 웹 브라우저는 제3자 광고를 차단하는 애드블로커가 내장되어 안전하며 빠른 속도가 특징인 웹 브라우저 앱입니다.

■ ① [구글 Play스토어]에서 [브레이브 브라우저]를 검색합니다. ② 설치 후 [열기]를 터치합니다. ② [나중에]를 터치합니다. ③ [계속]을 터치하여 다음 화면으로 진행합니다.

■ [나중에]를 터치합니다. ■ 팝업창이 보입니다. 팝업창밖 화면을 터치합니다.
3 검색창에 [youtube.com]을 입력 후 진행하면 광고 없는 유튜브 화면을 보실 수 있습니다.

■ y2mate(유튜브에서 내가 원하는 음악 및 동영상 다운받기)

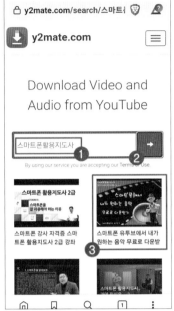

1 유튜브에서 내가 원하는 음악 및 동영상 다운받기 위한 첫 번째 방법으로 브레이브 브라우저 검색창에 [y2mate.com]을 검색합니다. 2 ① 내가 원하는 키워드 [스마트폰활용지도사]로 입력 후 ② [→] 방향키를 터치하면 하단에 스마트폰활용지도사 영상이 나열됩니다. ③ 다운받고 싶은 영상을 선택합니다. 3 선택된 영상 화면 아래 ① 동영상을 다운받고 싶다면 [Video]를 터치 ② 소리만 받고 싶다면 [Audio]를 터치합니다. ③ 화면을 위로 드래그하여 진행합니다.

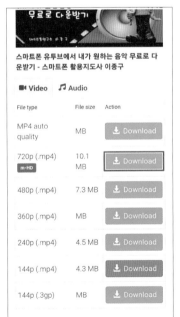

1 원하는 파일 타입 및 크기로 선택 후 [Download]를 터치합니다.2 다시 한번 파일 확인 후 [Download .mp4]를 터치합니다.3 마지막으로 다운로드 위치 확인 후 [다운로드]를 터치하여 완료합니다.

  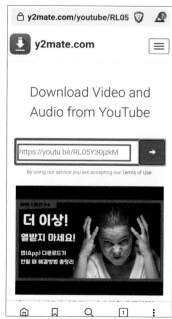

1 이번에는 유튜브에서 내가 원하는 음악 및 동영상 다운받기 위한 두 번째 방법으로 유튜브에서 원하는 영상을 재생시킨 후 영상 하단에 [공유]를 터치합니다.
2 [링크 복사]를 터치합니다. 3 y2mate.com 검색창에 복사한 링크를 [붙여넣기] 하면 다운로드하고 싶은 영상이 나옵니다.

1 원하는 파일 타입 및 크기로 선택 후 [Download]를 터치합니다.
2 다시 한번 파일 확인 후 [Download .mp4]를 터치합니다.
3 마지막으로 다운로드 위치 확인 후 [다운로드]를 터치하여 완료합니다.

1. 스마트폰 카메라 사진 촬영법
- ■ 사진 촬영 시 꼭 알아야 하는 기본
  - – 스마트폰 올바르게 잡기만 해도 좋은 사진은 얻는다.

스마트폰 카메라는 디지털카메라와 다르게 버튼을 터치할 때 촬영이 되는 것이 아니고 터치한 손이 떨어질 때 촬영합니다. 대부분의 사람들이 한 손으로 스마트폰을 들고 다른 한 손으로 셔터를 터치합니다. 이럴 경우 조금만 손에 힘이 가해져도 원하는 결과물을 얻기 힘듭니다.
흔들린 사진이나 수직/수평이 틀어진 사진을 얻을 수밖에 없을 겁니다.
그래서 스마트폰으로 사진 촬영을 할 때 제대로 잡아주는 것이야말로 좋은 결과물을 얻을 수 있습니다.

107

가로 파지법

▶ 위 사진처럼 왼손의 검지와 엄지는 스마트폰의 왼쪽 아래, 위를 잡아주고, 오른손 검지와 새끼손가락은 스마트폰 오른쪽 위, 아래를 잡아주면서 중지와 약지손가락은 스마트폰의 뒷면을 받쳐줍니다. 그리고 오른손 엄지손가락으로 카메라 셔터를 터치하면서 촬영하는 방법입니다.

세로 파지법

▶ 위 사진처럼 왼손으로 스마트폰 아래를 감싸듯 받쳐줍니다. 오른손으로는 왼손 위로 한 번 더 감싸면서 흔들림을 최소화 시켜줍니다. 촬영 버튼은 엄지손가락으로 터치하면서 사진 촬영을 합니다.

1등 비서! 스마트폰 제대로 활용하기!

memo ✍

_____

_____

_____

_____

_____

_____

– 스마트폰 화면 터치로 초점과 노출 설정하기

스마트폰으로 사진을 촬영하기 위해서는 구도도 잡고 셔터를 터치해야 하지만, 셔터 버튼을 터치하기 전 중요한 것이 화면에 보이는 피사체의 밝기와 초점이 제대로 맞추어졌는지가 중요합니다. 이 과정을 그냥 지나쳐 버리면 원치 않는 결과물 즉, 초점이 원하는 피사체에 제대로 안 맞거나 밝기가 제대로 조정이 안 되어 어두운 사진 결과물이 나올 수 있습니다.

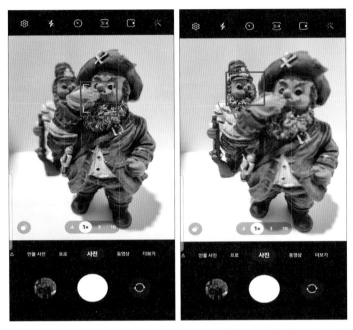

1 초점을 맞추고자 하는 피사체를 터치합니다. 2 위 사진의 왼쪽은 앞의 피사체에 초점이 맞았고 오른쪽은 뒤에 있는 피사체에 초점이 맞았습니다.

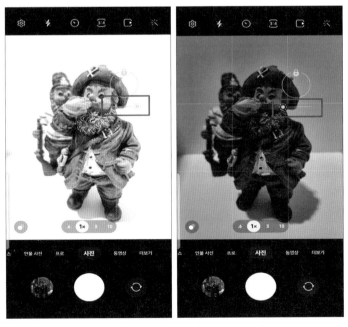

1, 2 화면을 터치하면 슬라이드바 상태의 [해] 아이콘을 좌우로 움직여서 화면을 어둡거나 밝게 조절할 수 있습니다.

– 완벽한 구도를 위해 필요한 기능 설정

스마트폰 사진 촬영 시 제일 힘들어하는 것이 구도입니다. 구도는 오로지 촬영자의 몫이기 때문입니다.

완벽한 구도로 사진 촬영을 위해 [촬영구도 추천]과 [수직/수평 안내선]을 꼭 설정하면 됩니다.

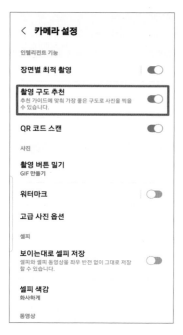
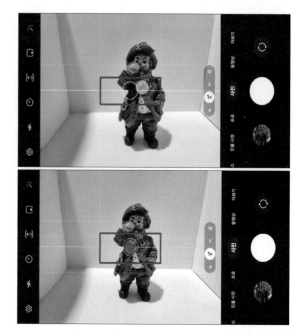

1 카메라 설정에서 [촬영 구도 추천 활성화] 시킵니다.

2 사진 촬영 시 화면에 원형 구와 함께 직선이 보입니다. 주변에 흰색의 원형 구가 보이는데 원형 구를 흰색 구에 맞추면 베스트 샷, 즉 구도가 제대로 맞았다는 것입니다.

이때 셔터 버튼을 터치하면 됩니다.

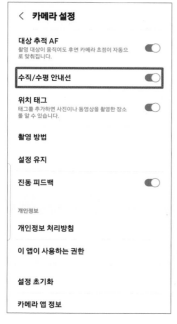

사진의 수직과 수평을 맞추는 것이 의외로 어렵기에 사진 촬영에 가장 기본 요소 중의 하나로 보고 있으며 이는 사진의 안정감과 전체적인 사진의 구도를 완성시킵니다. 사진을 처음 접하는 초보자들에게는 수직과 수평을 맞추기가 쉽지 않기에 이럴 때 도움을 주는 기능이 바로 [수직/수평 안내선]입니다.

수직/수평 안내선은 초보자뿐만 아니라 프로사진작가들도 촬영 시에 대부분 설정해 놓습니다.

카메라 설정에서 [수직/수평 안내선]을 [활성화]시키면 3X3 가상의 안내선이 촬영 화면에 생깁니다. 가로와 세로의 수직/수평 안내선을 기준으로 피사체의 수직과 수평을 쉽게 맞출 수 있습니다.

추가로 [사진 촬영 TIP]을 알려드린다면 수직/수평 안내선이 서로 교차되는 포인트에 피사체를 위치시켜 촬영을 하게 되면 가장 보기 좋은 구도의 사진 결과물을 얻을 수 있습니다.

또한 디지털카메라에는 '반셔터'라는 기능이 있습니다. 촬영하고자 하는 피사체의 초점을 다시 한번 정확하게 잡아주는 기능입니다. 스마트폰에도 이와 비슷한 기능이 있습니다. 촬영 화면에 보이는 주요 피사체를 한 번 더 터치해주면 반셔터 기능과 같은 효과를 얻을 수 있습니다,

■ 나만의 감성을 담을 수 있는 프로 모드 사용 설정법

카메라의 미세조정을 통해 일반 사진모드의 느낌이 아닌 나만의 느낌을 담을 수 있는 사진 촬영은 수동 모드를 사용하는 것인데 일반적인 DSLR 카메라처럼 자동과 수동을 오가면서 표현할 수 있는 기능인데 스마트폰에서 프로 모드에서 자신만이 표현하고자 하는 사진을 원한다면 사용해 보길 추천합니다.

– 프로 모드 메뉴 이해하기

프로 모드를 사용하기 위해서는 카메라 설정 [고급 사진 옵션]에서 [RAW 파일]을 활성화 시켜야 합니다. 프로 모드에서 촬영한 사진을 JPEG와 RAW 파일로 각각 저장하기 위함입니다. RAW 파일의 장점은 디테일하게 보정을 한다는 점입니다.

카메라 어플을 실행하고 화면 하단 우측 [더보기]를 터치하면 다양한 촬영 모드가 보입니다.
[프로 모드]를 터치합니다.

* 상단 메뉴
좌측부터 설정, 플래시, 타이머, 화면 비율, 측광모드, 색보정모드 등이 있습니다.

* 하단 메뉴
좌측부터 ISO, SPEED, 노출, 초점, 화이트밸런스 등이 있습니다.

 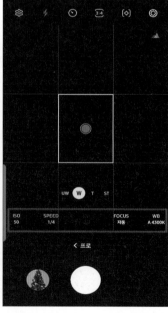

- 하단 메뉴 활용

* ISO(감도)

이미지센서가 빛에 대하여 반응하는 민감도를 숫자로 나타낸 것을 말합니다.
조절 범위는 50 ~ 3,200입니다. IOSO 값이 높아지면 적은 빛으로도 촬영이 가능합니다.

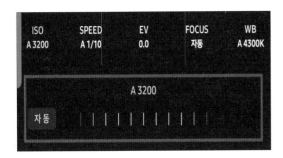 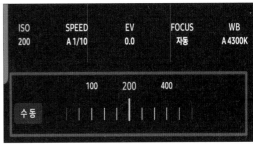

* SPEED(셔터속도)

[SPEED]는 셔터가 열려있는 시간입니다. 즉, 렌즈를 통해서 들어오는 빛을 CMOS에 노출 시키는 시간인데 오랜 시간 셔터가 열리면 빛이 많이 들어오고, 반대로 빠른 시간 동안 열리면 빛이 적게 들어옵니다.

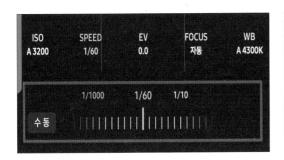 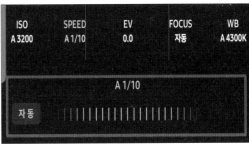

* 노출(EV)

[노출]은 카메라에서 렌즈로 들어오는 빛을 셔터가 열려있는 시간만큼 필름이나 건판에 비추는 것을 말합니다. 감도와 조리개값, 그리고 셔터 속도의 세 가지 개념의 조합으로 이루어지며, 사진의 밝기를 결정하는 아주 중요한 요소입니다.
EV 0은 F1.0에서 1초 노출을 준 값입니다.

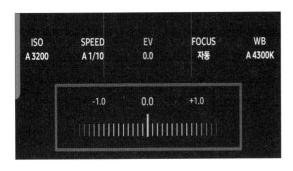

* FOCUS(자동/수동)

[FOCUS]는 사진을 선명하게 보여주는 중요한 요소입니다. 자동 초점(Auto Focus)과 수동 초점(Manual Focus)으로 구분되며, 수동 초점을 사용하는 경우에는 근접 촬영 시 주로 사용하며, 수동 초점 슬라이더를 좌우로 움직이면서 초점이 맞을 경우 녹색으로 경계선이 나타납니다.

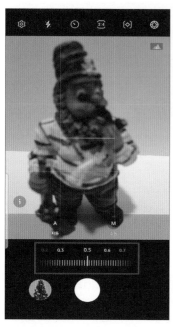

* WB(화이트밸런스)

촬영 대상을 카메라로 촬영 시에 반사된 빛의 색감을 중립적으로 잡아 새 균형을 조절해주는 기능입니다.
태양광 기준으로 색온도를 표현하는데 수동에서는 2300K ~ 10000K 조절 가능합니다. 태양광은 5300K입니다.

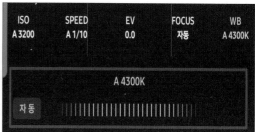

- 상단 메뉴 활용

상단 메뉴는 좌측부터 [설정, 플래시, 타이머, 화면비율, 측광모드, 색보정모드]입니다.

* 설정, 플래시, 타이머

[설정]은 카메라의 다양한 기능을 확인하고 설정하고, [플래시]는 어두운 곳이나 빛이 부족할 경우 사용하며 [타이머]는 셔터 시간을 2초 ~ 10초 사이로 조절해서 촬영할 수 있는데 사용 후에는 기본으로 세팅해야 합니다.

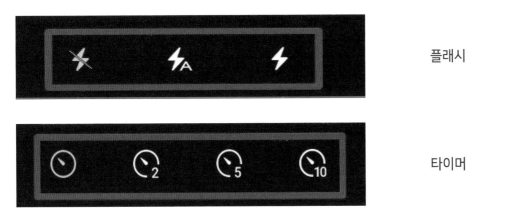

플래시

타이머

* 화면비율

[프로 모드]에서는 3:4로 설정되며 필요에 따라 화면 비율을 선택하면 됩니다.
만약 9:16 비율을 선택해서 촬영을 했다면 갤러리에 저장된 JPEG파일은 9:16 비율이고, RAW 파일은 3:4 비율을 유지합니다.

화면비율

* 측광

[측광]이란 촬영 대상의 밝기와 화면 중앙 부분을 중심으로 어느 범위까지 측정할 것인지 구분하는 형식을 말합니다.

[측광] 모드를 터치하면 좌측부터 **중앙부 집중 측광, 다분할 측광, 스팟 측광**입니다.

① 중앙부 집중 측광 ◎
피사체가 화면의 대부분을 차지하고 있거나 화면 중앙에 있을 때 적합합니다.
화면 중앙부에 노출을 맞추기 때문에 인물 등 피사체를 부각시키는 촬영에 사용하면 효과적입니다.

② 다분할 측광 ⟨◇⟩
빛이 고르게 퍼진 풍경 사진에 적합합니다. 즉 촬영 대상의 화면을 여러 개 구역으로 분할해서 빛을 측정한 후 평균치를 사진에 적용하는 것입니다. 최적의 노출을 맞추어 주기에 초보자도 쉽게 사용하면 됩니다.

③ 스팟 측광 [ㅇ]
화면 중앙 부분의 3 ~ 4% 영역의 빛만 측정하기에 노출 차이가 심한 역광이나 명암 차이가 큰 장면에 적합합니다.

* 색보정모드

[대비, 하이라이트, 그림자, 채도, 틴트] 등 5가지 보정 메뉴를 사진 촬영 전에 사용자가 원하는 색감으로 조절한 후 촬영할 수 있습니다.

[대비] : 이미지 안에서 가장 밝은 부분과 가장 어두운 부분과의 차이, 즉, 이미지의 강약을 말합니다.

[하이라이트] : 밝은 부분만 임의로 조정할 수 있는 영역입니다.
사진이 너무 밝아 일부 영역이 날아가는 경우 슬라이드를 왼쪽으로 조절(-)해 방지할 수 있습니다.

[그림자] : 모든 피사체에는 빛을 비추면 자연스럽게 그림자가 생기는데 사진은 평면이기 때문에 피사체의 입체감을 얼마나 잘 살리느냐가 매우 중요하며, 그림자를 잘 조절하면 입체감을 살리거나 없앨 수 있습니다.

[채도] : 색상의 순수한 정도. 색상의 옅고 진함을 뜻합니다.

[틴트] : 피사체의 색감을 부드럽게 바꾸어 줍니다.

■ 빛에 따라 달라지는 사진 촬영 꿀팁
  - 사진 촬영 시 빛의 방향을 이해하기

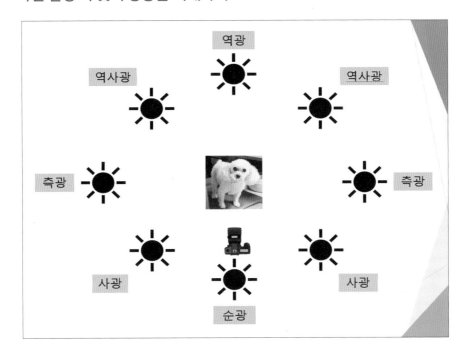

순광 : 촬영자는 빛(태양)을 뒤로하고 피사체는 빛(태양)을 바라보고 있는 상태로 빛이 피사체 화면 전체를 골고루 비추게 됩니다. 색감은 화려하고 좋지만, 인물 사진의 경우 눈이 부시다는 단점이 있습니다.

사광 : 빛(태양)이 30 ~ 45° 각도에서 비추는 상태로 피사체에 그림자를 가장 많이 만들 수 있어 밋밋한 사진이 아닌 입체감을 잘 살린 사진이 됩니다.

측광 : 피사체의 90° 각도에서 빛(태양)이 비추기에 입체감이 뚜렷한 사진이 됩니다.

역광 : 촬영자는 빛(태양)을 바라보고 피사체의 뒷면에서 빛(태양)이 비추게 됩니다.
피사체의 얼굴은 빛을 받지 못하는 경우이기에 노출을 조절하거나 반사판을 이용해서 빛을 확보하면 됩니다.

역사광 : 피사체의 뒷면과 측면 사이에서 빛(태양)이 비추는 경우입니다. 입체적이면서 개성 있는 표현을 하고자 할 때 활용하면 좋습니다.

  - **하이키와 로우키가 뭔가요?**

사진의 밝기를 의도적으로 강하게 밝게 한다든지 또는 어둡게 표현할 수도 있습니다. 밝은 분위기는 [하이키(High Key)], 어두운 느낌은 [로우키(Low Key)]라고 합니다.

1) 하이키 사진

하이키 사진(High Key)의 특징을 이야기하면 밝고 화사한 느낌을 받습니다.
스마트폰에서도 사진 촬영 시 화면을 길게 터치하여 슬라이더를 [+] 방향으로 조절해보면 됩니다.

2) 로우키 사진

화면 전체가 어두운 톤을 로우키(Low Key)라고 하는데 강한 표현과 무게감을 느끼게 해줍니다.
흑백사진을 표현할 때 효과가 뛰어납니다.
스마트폰에서도 사진 촬영 시 화면을 길게 터치하여 슬라이더를 [-] 방향으로 조절해보면 됩니다.

하이키 사진

로우키 사진

- 날씨에 따라 느낌이 달라지는 사진

아름다운 풍경 사진이 화창한 날씨에만 촬영해야 잘 나온다고 대부분 생각합니다.
날씨가 흐리거나 비가 온다고 해서 사진이 잘 안 나올 거란 생각을 하게 되지요.
하지만 비 오는 날이나 흐린 날은 빛이 부드러워 오히려 피사체를 돋보이게 한다는 사실! 이런 경우에는 아주 특별한 사진을 연출 할 수 있답니다.

흐린 하늘의 감성 사진

유리창에 내린 감성 빗방울

- 하루 중 가장 황홀한 사진 촬영 시간 '일출과 일몰'

해가 지면서 남겨주는 오묘한 빛은 바라만 봐도 예쁜 감성적인 사진을 허락해줍니다. 부드럽고 따뜻한 찰나의 순간이야말로 많은 사람들이 사진으로 간직하고 싶어 합니다.

해뜨기 30분 전, 그리고 해지고 30분 후!

바로 '매직아워(골든아워)'라고 합니다.

태양은 매일 뜨고 지지만 간직하고자 하는 멋진 일몰 장면은 쉽게 만날 수 없답니다. 날씨의 영향을 많이 받기에 구름이나 하늘의 상태에 따라 노을의 빛이 천차만별로 달라집니다.

매직아워의 시간을 기다림으로 시간에 따라 달라지는 사진 속 컬러가 변하게 되므로 시간 차를 두면서 촬영한다면 멋진 일몰 장면을 담을 수 있는 방법입니다.

태양이 수평선 또는 지평선으로 사라진 후, 그때부터 10~15분 정도의 화려한 컬러의 하늘빛을 만날 수 있습니다. 바로 '매직아워'입니다.

2. 갤러리 및 포토에디터 활용하기
■ 갤러리 앱(포토 에디터) 사용하기

1️⃣ 사진 보정을 하기 위해서 [갤러리]에서 [사진]을 선택합니다. 선택된 사진이 보이고 화면 하단에 [연필 모양] 메뉴를 터치합니다. 2️⃣ 처음으로 선택된 보정 메뉴는 [자르기] 메뉴인데 ①번처럼 다양한 자르기 메뉴가 있고 3️⃣ 아래 게이지를 좌우로 움직이면서 사진의 기울기를 맞추면서 자르기 할 수 있습니다.

1️⃣ 첫 번째 메뉴를 터치하면 사진을 회전할 수가 있습니다. 2️⃣ 두 번째 메뉴는 좌우 대칭입니다. 버튼을 터치할 때마다 사진의 좌우 반전을 할 수 있으며, 3️⃣ 세 번째 Free 메뉴는 사진 크기를 조절할 수 있습니다.

1 인스타에서 사용하는 1:1 비율이나 유튜브나 블로그에서 썸네일로 사용할 수 있는 16:9 비율 등 화면 비율을 다양하게 변경할 수 있습니다. 2 사진에 따라 가로와 세로로 사진 크기를 선택할 수 있습니다.

1 네 번째 메뉴를 터치하면 2, 3 사진의 수평과 수직을 하단 슬라이드 바로 조절하여 수직과 수평이 제대로 된 사진을 얻을 수 있습니다.

1️⃣ 마지막 자르기 메뉴 원형 점선을 터치하면 사진에서 필요한 부분만 잘라내기를 할 수 있는데
2️⃣ 직접 그리기에서는 영역자동맞춤과 영역직접그리기로 잘라내기를 할 수 있고, 3️⃣ 오려내 사진의 테두리 색상을 지정할 수도 있습니다.

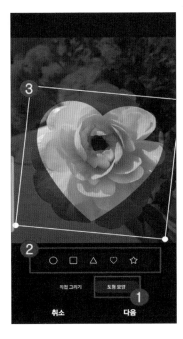 

1️⃣ ① 도형 모양을 터치하면 ② 다섯 가지의 도형이 제공되는데 원하는 도형을 선택해서 ③ 사진 위에서 크기를 조절해서 원하는 모양의 사진을 만들 수 있으며 2️⃣ 도형의 테두리 색상도 지정이 가능합니다.

스마트폰 활용지도사가 즐거운 대한민국을 만들어 갑니다!

1️⃣ 두 번째 보정 메뉴는 [필터] 효과이고 원 3개 합쳐놓은 아이콘을 터치합니다.

2️⃣, 3️⃣ 필터 아이콘을 터치하면 사진에 다양한 색감의 느낌으로 사진을 연출할 수 있습니다. 이 기능은 사진에 필터 효과를 주어 색감이나 사진의 느낌을 바꿀 수 있습니다. 더 다양한 필터를 원하는 경우 추가로 다운로드하여 설치할 수 있고, 필터 만들기를 통하여 나만의 필터를 저장해서 사용할 수 있습니다.

1️⃣ 원하는 필터 효과가 있다면 [+] 터치하고 2️⃣ 필터 다운로드를 터치하게 되면 카메라 특수 효과 화면으로 바뀌고 필요한 필터를 확인하면서 무료와 유료를 설치하면 됩니다.

■ [필터 만들기]를 터치하면 필터로 사용할 사진을 선택하면 ② 사진에 선택한 사진의 색감으로 필터 적용되고 만들기를 터치하면 나만의 필터로 저장해서 사용이 가능합니다.

■, ②, ③ 세 번째 [해] 모양 아이콘을 터치하면 명도, 채도, 밝기 등 10가지 단계로 사진을 좀 더 디테일하게 조정하면서 보정할 수 있습니다.

밝기, 노출, 대비, 색온도, 선명도 등을 선택하면서 본인이 원하는 색감으로 조정하는데 색감 보정에 있어서는 정답은 없고 적당히 조정하면서 느낌 있는 사진으로 연출하면 됩니다.

 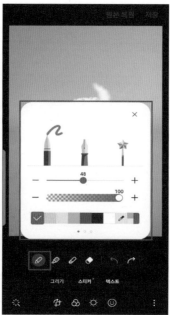 

네 번째 [스마일] 아이콘은 [그리기], [스티커], [텍스트]를 사진에 넣을 수 있는 기능입니다.
1 ① [스마일] 아이콘을 터치하면 ② [그리기] 메뉴가 있는데 ③ [펜]으로 붓처럼 그리기와
2, **3** [형광펜]같은 기능 그리고 [모자이크]와 [블러 효과], [지우개]가 있습니다.

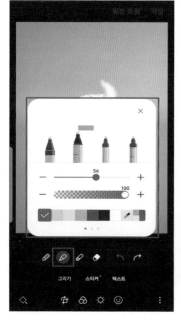 

1, **2** 그리기의 두 번째 펜은 [형광펜]같은 기능을 합니다.

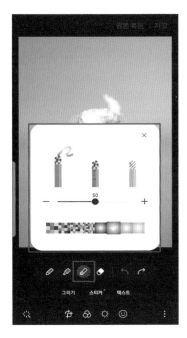 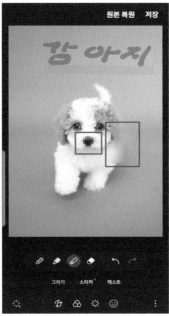 

1️⃣ 그리기 세 번째 펜은 [모자이크]와 [블러 효과]를 처리할 수 있는 기능입니다.

2️⃣ 필요로 하는 부분을 칠하기를 하여 모자이크나 블러 효과를 줍니다.

3️⃣ 마지막 [지우개]는 그리기 작업한 내용을 지우개로 삭제할 수 있습니다.

1️⃣ [스티커]를 터치하면 2️⃣, 3️⃣ 다양한 모양의 이모티콘으로 사진을 꾸며볼 수 있습니다.

1️⃣ [갤러리]에 있는 사진으로 나만의 스티커를 만들 수 있습니다. 2️⃣, 3️⃣ [Bitmoji]를 다운로드 설치하여 나만의 이모티콘을 만들어 사용할 수 있습니다.

1️⃣ [텍스트]를 터치하면 2️⃣, 3️⃣ 글자 입력이 가능하고 5가지의 폰트를 적용 가능하고, 정렬, 크기 및 글자 색과 글자 배경색 등이 변경 가능합니다.

■ 포토 에디터 추가 메뉴 활용하기

[포토에디터] 우측 하단 오른쪽 끝에 있는 [점 세 개]를 터치를 하게 되면 갤럭시 특유의 다양한 보정을 할 수 있습니다.

첫 번째로 인물사진을 보정할 경우에는 [얼굴 리터칭]을 터치하여 뽀샤시하게 얼굴 보정을 할 수 있습니다.

두 번째는 [AI지우개]로 촬영한 사진에서 불필요한 개체가 있을 경우 터치하여 AI 기능으로 삭제가 자연스럽게 이루어집니다.

세 번째는 [부분 색칠]로 사진을 흑백으로 만든 상태에서 컬러로 남기고 싶은 부분을 터치하면 흑백과 컬러가 담긴 사진이 만들어집니다.

네 번째는 [스타일]인데 10가지 효과가 있는데 하나씩 선택해보면 사진이 꼭 그림 효과를 준듯한 느낌으로 변해 색다른 사진을 연출할 수 있습니다.

다섯 번째는 [색상조정]으로 색조, 채도, 밝기를 조정하는 기능입니다.

보정한 사진을 저장할 때 [다른 파일로 저장]이 가능하고 [이미지 크기변경]을 할 수 있습니다.

[포토에디터 정보] 확인을 할 수 있습니다.

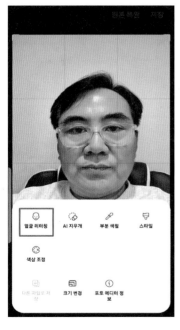
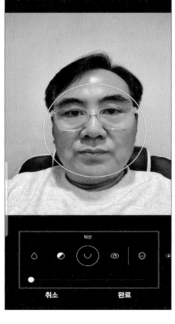

점 세 개 터치   얼굴 리터칭   AI 지우개

1등 비서! 스마트폰 제대로 활용하기!

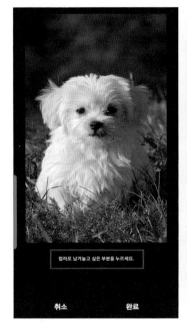

부분색칠

스타일

색상조정

다른 파일로 저장

크기변경

포토 에디터 정보

■ 원터치 한 번으로 사진 수정하는 꿀팁
 - AI 사진 보정 기능

최신 삼성 갤럭시 스마트폰 갤러리 앱에 탑재되어 있는 [사진 리마스터]라는 AI사진 보정 기능으로 사진의 밝기, 노이즈, 선명함, 해상도를 수정해주는데 완전히 초점이 맞지 않거나 잘못 찍은 사진도 선명도를 올려줍니다.
지원 기기의 경우 S10부터 지원하며 OneUI 3.1 이상과 갤러리 앱의 최신버전으로 업데이트가 필요합니다.

※ AI 추천의 작동 조건은 배터리 95% 이상 + 충전 중 + 폰을 사용하지 않을 때(액정 Off 또는 AOD) 76분 이상 경과하여야 동작됩니다.

▶ 사진 리마스터 - 사용 방법

[사진 리마스터] 사용 방법은 매우 간단합니다. **1** 갤러리 앱을 터치한 후 **2** 보정을 원하는 사진을 터치, **3** 우측하단의 [점 세 개]를 터치합니다.

1 [사진 리마스터]를 터치하면 2 AI가 동작하면서 사진 보정을 진행합니다. 3 AI 사진 보정된 사진은 사진과 같이 원본과 리마스터된 사진으로 보여주면서 아래 화살표를 좌우로 움직이면서 원본과 리마스터된 사진을 비교해 볼 수 있습니다.

1 리마스터된 사진이 마음에 들면 [저장] 버튼을 터치하면 원본사진에 덮어서 저장을 하는 것이고, [옵션 더보기]를 터치하면 다른 파일로 저장이 가능합니다. 2 리마스터된 사진이 저장될 경우 사진 우측 상단에 [리마스터 사진]이라고 표시가 되고, 3 만약 [원본 복원]을 원할 경우 우측 하단 [점 세 개]를 터치하여 [원본 복원]을 터치하면 리마스터된 사진이 다시 원본으로 저장됩니다.

▶ 인물사진 효과 추가 - 사용 방법

1️⃣ [인물사진 효과 추가] 기능은 갤러리 앱을 터치한 후 보정을 원하는 인물사진을 선택하고 우측하단의 [점 세 개]를 터치합니다. 2️⃣ [인물사진 효과 추가]를 터치하면 3️⃣ AI자동 보정을 진행합니다.

1️⃣ 인물사진 효과 추가 기능은 인물을 돋보이게 배경을 흐리게 해주는 블러 효과로 슬라이드를 조절하면서 배경 흐림 효과를 줄 수 있습니다. 2️⃣ 인물사진 효과 추가가 적용된 사진은 우측 상단에 [인물]이라고 표시됩니다.

▶ 원터치 사진 자동 보정 - 마술봉

촬영한 사진을 보정하기 위해서는 밝기, 노출, 대비, 채도, 선명도 등 여러 가지를 선택하면서 개인의 취향에 맞게 보정을 하는데 이 보정 작업을 원터치로 자동 보정 하는 기능이 포토에디터에 탑재되어있습니다.

[사진 자동 보정] 기능 사용 방법은 아주 간단합니다. **1** 갤러리에서 사진을 선택하고 다음 화면에서 [연필]을 터치합니다. **2** 화면 하단 왼쪽에 있는 [마술봉]을 터치합니다. **3** 사진은 보정 적용을 위해 랜더링을 합니다.

1등 비서! 스마트폰 제대로 활용하기!

memo 📝

1️⃣ 잠시 후 보정된 사진을 볼 수 있는데 보정이 적용된 것을 알아보는 방법은 화면 하단 보정메뉴 인 [해] 아이콘에 [노란 점]이 보입니다. 2️⃣ 터치해 보면 보정이 이루어진 것들은 아이콘에 노 란 점들이 적용된 것을 볼 수 있습니다. 3️⃣ 다른 파일로 저장을 하기위해서 우측 [점 세 개]를 터 치합니다. [다른 파일로 저장]을 터치하면 아주 간단하게 사진 보정을 [마술봉 원터치]로 할 수 있습니다.

memo

1. EPIK

1 ① [Play스토어]에서 [에픽]을 검색합니다. ② 설치 후 [열기]를 터치합니다. 2 ① 이용 약관에 동의에 [체크] 합니다. ② [계속]을 터치합니다. 3 ① 하단 카테고리 중 [편집] 화면입니다. ② 로그인 후 나만의 템플릿으로 저장해 두고 손쉽게 사용할 수 있습니다. ③ [EPIK]에서 추천하는 [편집 메뉴]입니다. ④ [편집 시작]을 터치하여 진행합니다.

1 [EPIK]에서 기기의 사진 및 미디어에 액세스하도록 [허용]을 터치합니다.

2 ① [월페이퍼]는 에픽에서 지원하는 배경사진입니다. ② 좌측으로 드래그하면 사용자 갤러리 전체 및 앨범별로 보실 수 있습니다. ③ 갤러리에서 편집하고자 하는 이미지를 선택합니다.

3 ① 선택한 이미지에 [이펙트] 효과 중 ② [Blur] 메뉴에서 ③ [Radial] 효과를 적용합니다.

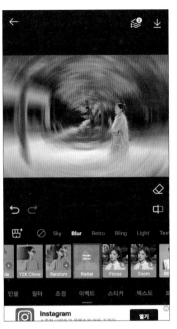  

137

[Radial] 효과가 적용된 이미지입니다. 적용된 효과를 다시 터치합니다. 2 ① 효과의 강도, 인물의 선명도, 가장자리 효과를 조절할 수 있습니다. ② 완성된 사진을 저장합니다.
3 ① 다른 사진으로 바로 사진편집을 할 수 있습니다. ② 완성된 사진에서 계속 이어서 편집할 수 있습니다. ③ 편집한 사진을 여러 장 가져와 레이아웃 편집을 할 수 있습니다.

1 에픽에서 지원하는 기본 [템플릿]을 터치합니다. 2 ① 상단 메뉴바에서 사용자가 원하는 템플릿을 선택하거나 ② 화면을 위, 아래로 드래그하여 원하는 템플릿을 선택할 수 있습니다.
3 [사용하기]를 터치하여 진행합니다.

1 ① 상단바에서 앨범별로 이미지를 보실 수 있습니다. ② 템플릿에 적용할 이미지를 선택합니다.
2 ① 효과 적용 전과 후를 비교해 볼 수 있습니다. ② 하단 메뉴 중 원하는 효과를 선택합니다.
③ [다음]을 터치합니다. **3** 하단 메뉴에서 다른 효과를 추가로 적용할 수 있습니다.
예시로 [이펙트] 효과를 적용했습니다.

1 ① [텍스트]도 추가해 봅니다. ② [레이어]를 터치합니다. **2** 사용자가 추가한 효과를 확인
할 수 있습니다. ① 레이어 순서를 바꿀 수 있습니다. ② 적용한 효과를 숨기기 할 수 있습니다.
③ 적용한 효과를 삭제할 수 있습니다. ④ 단계를 취소할 수 있습니다. ⑤ 원하는 효과가 다 적용
되었는지 확인 후 효과를 병합시킵니다. 병합 후 편집은 할 수 없습니다. ⑥ 다운로드할 수 있습니
다. **3** ① 다른 사진으로 편집 가능 ② 완성된 사진으로 이어서 편집 가능 ③ 편집한 사진을 레이
아웃 편집을 할 수 있습니다. ④ 다른 사이트로 공유할 수 있습니다. ⑤ 첫 화면으로 이동합니다.

1 ① 편집 화면에서 ② 인물 보정에 특화된 [터치 보정]을 터치합니다. **2** ① 상단바에서 사용자 앨범을 선택합니다. ② 보정할 이미지를 선택합니다. **3** ① 보정 아이콘의 크기를 조정 후 손가락으로 자유롭게 편집할 수 있습니다. ② [V]를 터치하여 진행합니다.

1 수정된 이미지입니다. ① 단계별 취소 버튼입니다. ② 효과 적용 전과 후를 비교할 수 있습니다. ③ [V]를 터치하여 진행합니다. **2** ① 하단 효과 메뉴에서 사진 추가를 터치합니다. ② [추가] 아이콘을 터치합니다. **3** ① 사용자 앨범을 선택 후 ② 추가할 이미지를 선택합니다.

■ 추가된 사진의 배경을 지우기 위해 [오려내기]를 터치합니다. 2 ① AI, 윤곽선, 브러시 아이콘을 이용하여 남길 부분을 선택해줍니다. ② 단계별 취소 가능합니다. ③ 배경을 삭제한 화면을 미리보기 할 수 있습니다. ④ [V]를 터치하여 진행합니다. 3 ① 하단 메뉴에서 추가적인 효과를 넣을 수 있습니다. ② [저장] 아이콘을 터치합니다.

▶ ① 다른 사진으로 편집 가능합니다. ② 완성된 사진으로 이어서 편집 가능합니다.
  ③ 편집한 사진을 레이아웃 편집을 할 수 있습니다. ④ 다른 사이트로 공유할 수 있습니다.

2. 스냅시드

① ① [Play스토어]에서 [스냅시드]을 검색합니다. ② 설치 후 [열기]를 터치합니다.
② 화면 어디든 터치합니다. ③ 스냅시드에서 기기의 사진, 미디어, 파일에 액세스하도록 [허용]
를 터치합니다.

 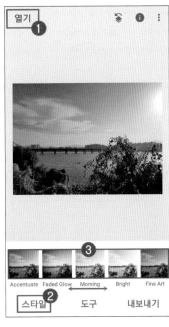

① 사용자 앨범의 최근 사진이 보이며 [갤러리]를 터치하여 원하는 앨범으로 이동합니다.
② 편집할 사진을 선택합니다. ③ ① 사진을 교체하고 싶다면 [열기]를 터치합니다. ② 원터치로
사진에 바로 효과를 적용할 수 있습니다. ③ 화면을 좌우로 드래그하여 원하는 효과를 선택합니다.

1 ① [Bright] 효과를 적용한 화면입니다. ② 스타일 효과를 원치 않는다면 [X], ③ 효과를 적용하려면 [V]를 터치합니다. **2** ① 다양한 편집 도구 화면입니다. ② 도구 메뉴에서 [기본 보정]을 터치합니다. **3** ① 화면을 손가락으로 위로 아래로 드래그하면 메뉴가 나옵니다. ② 메뉴에서 위아래로 드래그하여 청색 바로 적용할 메뉴를 선택합니다.

1 밝기를 선택한 화면입니다. ① 손가락을 좌우로 드래그하여 상단 끝에 밝기 정도를 조절할 수 있습니다. ② 밝기 적용 전후를 비교해 볼 수 있습니다. ③ 자동 편집 기능입니다. ④ 편집이 끝나면 [V]를 터치하여 저장합니다. **2** ① [열기]를 터치하여 인물사진을 선택합니다. ② 하단 카테고리 중 [도구]를 선택합니다. **3** 도구 카테고리 안에 다양한 편집 메뉴 중 [인물사진]을 터치합니다.

1 ① 손가락을 위아래로 드래그하여 [피부 보정] 메뉴를 선택합니다. ② 손가락을 좌우로 드래그하여 피부 보정 정도를 조절할 수 있습니다. ③ 피부색을 조절할 수 있습니다. ④ 기본 설정된 템플릿으로 인물 보정을 할 수 있습니다. ⑤ 보정이 끝났다면 [V]를 터치하여 저장합니다.
2 도구 카테고리 안에 메뉴 중 [얼굴 방향]을 터치합니다. **3** 손가락을 이용해 상하좌우 얼굴 방향을 설정할 수 있습니다.

1 ① 얼굴 방향 기본 모드에서 ② 손가락을 위아래로 드래그하여 [눈동자 크기]를 선택합니다. ③ 손가락을 좌우로 드래그하여 상단 끝에 눈동자 크기를 조절할 수 있습니다. ④ [V]를 터치하여 저장합니다. **2** 도구 카테고리 안에 메뉴 중 [원근 왜곡]을 터치합니다. **3** [기울이기]를 터치하여 상하좌우 화살표 방향으로 기울이기 할 수 있습니다.

1등 비서! 스마트폰 제대로 활용하기!

1 ① 기울이기를 적용하면 생기는 여백의 색상을 설정할 수 있습니다. ② 검정색 바탕으로 설정한 화면입니다. ③ 설정이 끝나면 [V]를 터치하여 저장합니다. **2** 실행취소 및 되돌리기 할 수 있는 화면으로 진행합니다. **3** [수정 단계 보기]를 터치하여 진행합니다.

  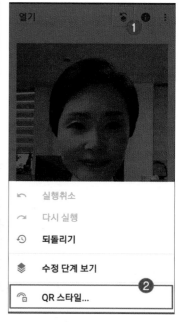

1 앞서서 적용시킨 효과가 전부 표시됩니다. ① [<]를 터치합니다. ② 적용한 효과가 마음에 들지 않는다면 삭제할 수 있습니다. **2** ① 원본 사진으로 돌리고 싶다면 터치합니다. ② 터치하여 수정 단계 보기 전 화면으로 이동합니다. **3** ① 수정 단계 보기 아이콘을 터치합니다. ② [QR 스타일 생성]을 터치합니다.

1 ① 사용자가 멋지게 적용한 효과를 QR 코드로 생성할 수 있습니다. ② QR 코드를 스캔할 수 있는 화면으로 이동합니다. **2** ① 생성된 QR 코드입니다. ② 생성된 코드를 직접 스캔할 수도 있고 다른 사이트로 공유할 수 있습니다. **3** 완성된 이미지를 저장하기 위해 [내보내기]를 터치합니다.

▶ ① 완성된 이미지를 다른 사이트로 공유할 수 있습니다. ② 완성된 이미지를 저장할 수 있습니다.
 ③ 화면 우측 상단에 점 세 개를 터치하여 설정 메뉴에서 이미지 크기를 수정하여 내보내기 할
 수 있습니다. ④ 사용자가 지정한 다른 폴더로 저장할 수 있습니다.

1 ① [열기]를 터치하여 풍경 사진을 선택합니다. ② 점 세 개 [더보기] 아이콘을 터치합니다.
2 [가이드]를 터치합니다. 3 화면을 위로 드래그하여 사진작가들이 자신들만의 감성으로 제작
해 놓은 가이드를 사용자가 자유롭게 활용할 수 있습니다. [빈티지 엽서]를 선택합니다.

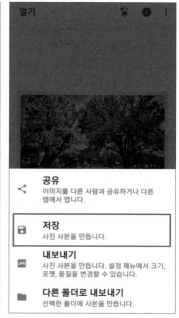

1 드라마, 프레임, 빈티지 효과를 적용한 작품의 설명을 자세히 볼 수 있습니다. 이 작품의 효과
를 내 이미지에 적용하고 싶다면 [사용해 보기]를 터치합니다.
2 적용된 이미지 화면입니다. 저장하려면 [내보내기]를 터치합니다.
3 [저장]을 터치하여 완료합니다.

등 비서! 스마트폰 제대로 활용하기!

이미지 합성 제대로 알면
소통이 원활해지고 인생이 즐거워진다

1. 포토랩

1️⃣ ① [Play스토어]에서 [포토랩]을 검색하여 설치합니다. ② 설치 후 [열기]를 터치합니다.

2️⃣ ① 카테고리 중 [최근]을 터치합니다. ② 하위 태그 중 [#cartoon]을 터치합니다.

3️⃣ cartoon에 해당하는 다양한 템플릿 중 원하는 템플릿을 선택합니다.

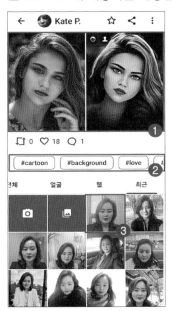  

1️⃣ ① 효과 적용 [전/후]의 화면을 미리 확인하고 ③ 내 사진을 선택합니다. 2️⃣ ① 이미지의 [방향 전환 및 크기 조절]이 가능합니다. ② [화살표] 아이콘을 터치하여 진행합니다. 3️⃣ [플러스] 아이콘을 터치합니다.

1 ① 완성된 이미지에 [GIF] 효과를 추가할 수 있습니다. ② 완성된 이미지에 [예술과 효과]를 추가할 수 있습니다. ③ 완성된 이미지에 [텍스트]를 추가할 수 있습니다. ④ 다른 사이트로 [공유]할 수 있습니다. 2 [다운로드]를 터치하여 저장합니다. 3 ① 하단의 [카테고리]에서 ② 효과를 적용할 메뉴를 터치합니다.

1 신 실사주의에 해당하는 다양한 템플릿 중 원하는 템플릿을 선택합니다. 2 효과 적용 [전/후] 화면을 미리 확인하고 [카메라]를 터치하여 즉석에서 사진을 찍을 수도 있고, [갤러리]를 터치하여 사진을 사용자 갤러리에서 이미지를 선택하여 저장할 수 있습니다. 3 [플러스] 아이콘을 터치합니다.

1 하단의 카테고리에 잡지 표지를 선택하여 2 다양한 템플릿 중 원하는 템플릿을 선택합니다.
3 [카메라]를 터치하여 즉석에서 사진을 찍을 수도 있고, [갤러리]를 터치하여 사진을 사용자
갤러리에서 이미지를 선택하여 저장할 수 있습니다.

1 [화살표] 아이콘을 터치하여 진행합니다. 2 [플러스] 아이콘을 터치하여 완성된 이미지에
① [GIF], ② [예술과 효과], ③ [텍스트]를 추가할 수 있습니다. ④ 다른 사이트로 [공유] 할 수
있습니다. 3 [다운로드]를 터치하여 저장합니다.

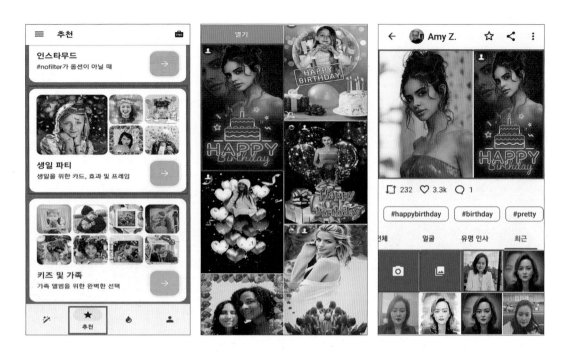

1급 비서! 스마트폰 제대로 활용하기!

1️⃣ 하단의 추천메뉴에서 2️⃣ 원하는 템플릿을 선택합니다. 3️⃣ [카메라]를 터치하여 즉석에서 사진을 찍을 수 있고, [갤러리]를 터치하여 사진을 사용자 갤러리에서 이미지를 선택하여 저장할 수 있습니다.

1️⃣ [플러스] 아이콘을 터치합니다. 2️⃣ ① 완성된 이미지에 [GIF] 효과를 추가할 수 있습니다. ② 완성된 이미지에 [예술과 효과]를 추가할 수 있습니다. ③ 완성된 이미지에 [텍스트]를 추가할 수 있습니다. ④ 다른 사이트로 [공유]할 수 있습니다. 3️⃣ [다운로드]를 터치하여 저장합니다.

2. 포토퍼니아

QR코드 스캔하시면 [포토퍼니아 이미지합성 사진만들기]
유튜브 영상을보실 수 있습니다 영상보시면서따라하시면
더욱쉽게 하실 수있 습니다

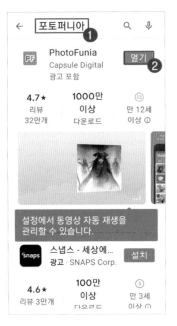

1 [Play스토어]에서 ①[**포토퍼니아**]를 검색합니다. 설치 완료 후 ②[**열기**]를 터치하여 실행합니다.

2 포토퍼니아 첫 화면에서 좌측 상단에 위치한 가이드 메뉴 중 ③[**카테고리**]를 터치합니다.

3 카테고리 화면을 위로 드래그 하여 ④[**갤러리**]를 터치합니다.

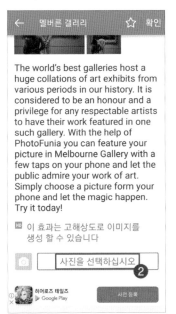

1 갤러리 효과 중 ①[**멜버른 갤러리**]를 터치합니다 **2** 멜버른 갤러리 화면이 나오면 ②[**사진을 선택**
하십시오]를 터치합니다. **3** ③[**기존 사진 선택**]을 클릭하여 갤러리에서 합성하고 싶은 이미지를 불러옵니다.

1️⃣ 최근 사진이 보입니다. 더 많은 사진을 보기 위해 좌측 상단에 ①[삼선]아이콘을 터치합니다.

2️⃣ ②[갤러리]를 터치하여 합성에 필요한 사진을 가져옵니다.

3️⃣ ③[확인]을 터치하여 다음으로 진행합니다.

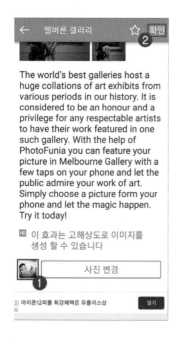  

1️⃣ 합성하고자 하는 사진이 ①에 첨부되었는지 확인 후 ②[확인]을 터치합니다. 2️⃣ ③이미지 합성을 하기 위해서 다운로드 중입니다. 3️⃣ ④사이즈를 선택하고 ⑤를 터치하면 갤러리에 저장이 됩니다. ⑥을 터치하면 다른 곳으로 공유할 수 있습니다.

10강   다이내믹하고 임팩트한 카드뉴스 만들기

1. 이미지에 텍스트를 추가

[이미지에 텍스트를 추가] 앱(App)의 장점

▶ 간단한 조작으로 사용하기 쉬운 디자인을 만들 수 있습니다.

▶ 무료 이미지 리소스를 검색 기능과 찾은 이미지를 다운로드하여 직접 편집할 수 있습니다.

▶ YouTube의 썸네일과 Instagram, Twitter 등의 SNS 게시물용 이미지 만들기에 아주
유용합니다.

■ 이미지에 텍스트를 추가 설치하기

1 스마트폰 홈 화면 [PLAY 스토어]를 터치합니다. 2 [PLAY 스토어] 검색창에 ① [이미지에
텍스트를 추가]를 검색하여 ② [설치]한 후 ③ [열기]를 터치합니다. 3 [이미지에 텍스트를
추가] 홈 화면의 ① [이미지를로드하는]을 터치하면 갤러리에 있는 사진을 가져올 수 있습니다.
② [이미지 소재 검색]를 터치합니다.

1️⃣ 이미지 소재 검색창에 ① [가을] 입력하여 마음에 드는 ② [이미지] 하나 선택합니다.
2️⃣ [이미지] 하단 [^]를 터치합니다. 3️⃣ [이미지]의 상세정보가 보이며 하단 [다운로드]를
터치합니다.

1️⃣ 상단의 ① [텍스트 추가] 메뉴를 터치합니다. 텍스트 추가에 ② [가을이 곱게 물들어 갑니다]
글을 입력한 다음 ③ [OK]를 터치합니다. 2️⃣ ① [가을이 곱게 물들어 갑니다] 글을 터치하면
② [글 편집 도구] 상자가 나옵니다. 3️⃣ 글 편집 도구의 [문장 편집]을 터치하면 글을 수정할 수
있습니다.

1 텍스트 편집에서 ① [글을 수정]한 다음 ② [OK]를 터치합니다. **2** 글 편집 도구의 [글꼴]을 터치합니다. **3** 글꼴 선택 창의 여러 글꼴 중에 마음에 드는 글꼴 하나를 [Song Myung] 터치하면 문자의 글꼴이 바뀝니다.

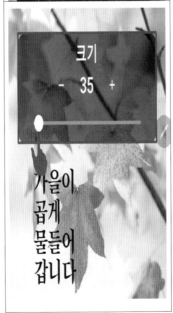

1 글 편집 도구의 [크기]를 터치합니다. **2** 글의 크기를 하얀 [원] 조절점을 손가락으로 좌우로 움직여 글의 크기를 조절합니다. **3** 글 편집 도구의 [글자 색]을 터치합니다.

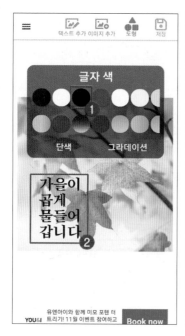
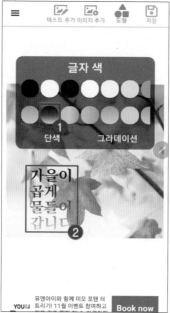
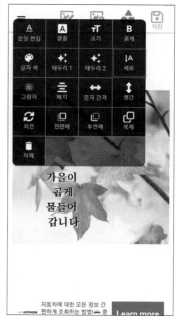

1 글자 색 단색 ① [검정색]을 터치하면 ② 글의 글자 색이 [검정]으로 바뀝니다.

2 그라데이션 ① [두 번째 색]을 터치하면 ② 글의 글자 색이 그라데이션으로 바뀝니다.

3 글 편집 도구의 [세로]를 터치합니다.

1 [글이 세로]로 바뀝니다. 2 글 편집 도구의 [그림자]를 터치합니다. 3 그림자를 넣을 색 ① [흰색]을 터치한 다음 ② 그림자의 [흐림, 위치]를 손가락으로 [조절점]을 좌우로 움직여 그림 자를 적당히 넣어줍니다.

1️⃣ 상단 메뉴 [이미지 추가]를 터치하면 기존 이미지 위에 이미지를 넣을 수 있습니다.

2️⃣ [갤러리]를 터치합니다. 3️⃣ 갤러리에서 [이미지] 하나를 선택하여 가져옵니다.

1️⃣ 갤러리에서 가져온 ① [이미지]를 터치하면 ② [편집할 도구]들이 보이는데 ③ [잘라 내기]를 터치합니다. 2️⃣ ① [자르기의 크기]를 선택하고 ② [잘라 내기]를 터치하면 이미지가 잘라집니다. 3️⃣ 상단 메뉴 [저장]을 터치하면 저장과 공유 메뉴가 나오는데 [저장]을 터치하면 갤러리에 저장됩니다. 또 공유도 할 수 있습니다.

2. 캔바(Canva) – 저작권 걱정 없이 전문 디자이너의 탬플릿으로 그래픽 디자인부터 사진, 동영상 제작 편집을 할 수 있습니다.

1️⃣ [PLAY 스토어] 검색창에 [캔바]를 검색하여 설치한 후 [열기]를 터치합니다. 캔바 이용 약관에 [동의]하고 [Google 계정으로 계속하기]를 선택하여 로그인하여 진행합니다. 2️⃣ 캔바 홈 화면의 하단 ① [홈]은 캔바 메인화면이며 ② 내가 만든 디자인은 [프로젝트]에서 확인할 수 있습니다. ③ [메뉴]에서 로그인 계정 등을 설정할 수 있습니다. ④ 내가 만들고자 하는 템플릿은 상단 검색창에 [내 콘텐츠 또는 canva 콘텐츠 검색]해서 진행합니다. 3️⃣ 검색창에 ① [인스타그램 게시물]을 입력하고 검색합니다. ② [필터]를 터치하여 [카테고리, 스타일]을 하나씩 선택한 다음 하단의 ③ [적용]을 터치하면 더 구체적으로 템플릿 검색을 할 수 있습니다.

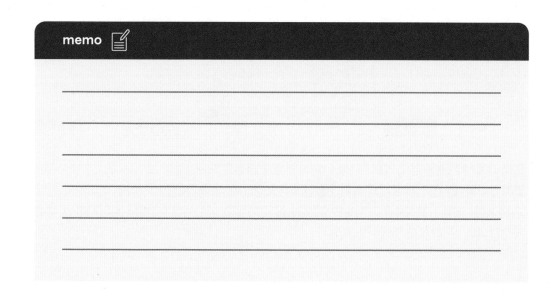

memo

1 검색창에 ① [인스타그램 게시물] 입력하고 [검색]합니다. 원하는 ② [템플릿]을 선택합니다. **2** 템플릿 이미지를 바꾸기 위해 [이미지]를 터치하면 하단메뉴 [대체]를 터치하여 진행합니다. **3** 하단 업로더 항목 또는 사진에서 이미지를 가져올 수도 있지만 갤러리에 있는 사진을 가져오기 위해 ① [갤러리]를 터치하여 ② [사진 하나]를 선택합니다.

1 글씨 수정을 위해 ① [글씨]를 터치합니다. ② [편집]을 터치하여 글을 수정합니다.
2 수정된 글씨 [SNS소통연구소]를 볼 수 있습니다. **3** ① [글씨]를 터치하여 글꼴, 글씨 크기, 글씨 색상, 형식, 간격 등을 변경합니다. ② [글꼴]을 터치합니다.

1 여러 가지 글꼴 중 원하는 글꼴 [210 옥탑방] 하나를 선택합니다. **2** [글꼴 크기]를 터치합니다. **3** 글꼴 크기의 [조절점]을 좌, 우로 움직여 글꼴 크기를 조절합니다.

1 글자 간격을 주기 위해 [간격] 터치합니다. **2** [글자 간격, 줄 간격]의 [조절점]을 좌, 우로 움직여 간격을 조절합니다. **3** 요소를 추가하기 위해 하단의 [+]를 터치합니다.

1 하단메뉴 ① [요소]를 터치하여 상단 검색창에 ② [스마트폰]을 입력하여 검색합니다.
2 카테고리 ① [그래픽]을 터치하여 원하는 ② [이미지]를 하나 선택합니다.
3 ① [요소 이미지]를 터치하여 ② [효과, 자르기, 애니메이션, 투명도] 등으로 편집합니다.
요소 이미지를 ③ [삭제, 복사]도 할 수 있습니다.

1 이미지 저장을 위해 상단 [저장] 아이콘을 터치합니다.
2 이미지가 생성된 다음 [갤러리에 저장]됩니다.
3 상단 ① [공유] 아이콘을 터치하면 ② [다운로드]하고 SNS 채널에 [공유]할 수 있습니다.

3. 감성공장 – 자신만의 캘리/그림을 사진과 합성해 감성 넘치는 작품을 만드는 앱

  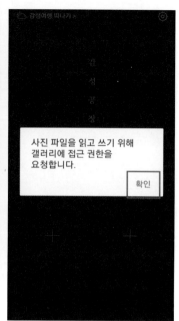

① [PLAY 스토어] 검색창에 [감성공장]을 검색하여 설치한 후 [열기]를 터치합니다.
② 감성공장 메인화면 배경사진 선택 [+] 아이콘을 터치합니다.
③ 사진 파일을 읽고 쓰기 위해 갤러리에 접근 권한을 요청합니다. [확인]을 터치합니다.

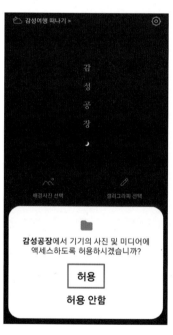  

① 감성공장에서 기기의 사진 및 미디어에 액세스하도록 허용하시겠습니까? [허용]을 터치합니다.
② 갤러리에서 [이미지] 하나를 선택하여 가져옵니다. ③ 캘리그라피 선택의 [+]를 터치합니다.

1 캘리그라피 선택 화면을 ① [손가락으로 위로 스크롤]하면 더 많은 캘리그라피 글씨들이 보입니다. 그중에 마음에 드는 글씨 ② [오늘도 예쁜 그대가 피었습니다]를 선택합니다.

2 배경사진과 캘리그라피 글씨 [합성하기]를 터치하면 합성이 됩니다.

3 합성된 이미지 위의 캘리그라피 글씨 색은 기본으로 [검정색]입니다. 글씨는 ① [손가락으로 오므리고 펴서 크기 조절과 회전]도 가능합니다. ② [자르기]를 터치합니다.

1 손가락으로 ① [흰색 자르기 틀]을 글씨에 맞춘 다음 상단의 ② [자르기]를 터치합니다.

2 [하양]을 터치하면 [글씨 색이 흰색]으로 바뀝니다.

3 [컬러]를 터치하면 여러 가지 색들이 보입니다.

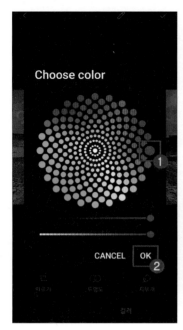

1 색상표에서 좋아하는 색 ① [빨간색] 하나를 선택하고 ② [OK]를 터치합니다.

2 이미지 위의 [캘리그라피 글씨 색이 빨간색]으로 변경되었습니다.

3 ① [이미지]를 터치하면 이미지에 ② [필터 효과]를 줄 수 있습니다.

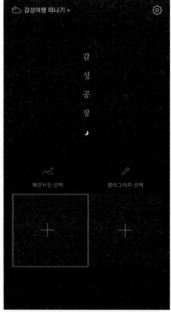

1 상단 [∨]를 터치하면 갤러리 [callifactory] 앨범에 저장됩니다.

2 감성공장 메인화면 배경사진 선택 [+] 아이콘을 터치합니다. 갤러리에서 [이미지] 하나를 선택하여 가져옵니다.

3 캘리그라피 선택의 [+]를 터치합니다.

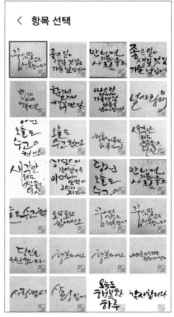

1️⃣ 캘리그라피 선택 화면의 [갤러리에서 선택]를 터치합니다. 2️⃣ 갤러리에 [캘리그라피 글씨를 써놓은 이미지]를 하나 [꿈이 있는 사람은 행복합니다]를 선택합니다. 3️⃣ 배경사진과 캘리그라피 글씨 [합성하기]를 터치하면 합성이 됩니다.

1️⃣ [이미지]를 터치하여 [투명도] 조절로 감성적인 이미지를 만들 수 있습니다.
2️⃣ ① [투명도 조절점]을 손가락으로 움직여 투명도를 조절한 다음 오른쪽 하단 ② [∨]를 터치합니다. 3️⃣ 상단 [∨]를 터치하면 갤러리 [callifactory] 앨범에 저장됩니다.

1. 슬라이드메시지

1️⃣ ① [Play스토어]에서 [슬라이드메시지]를 검색합니다. ② 설치 후 [열기]를 터치합니다.
2️⃣ [허용]을 터치합니다. 3️⃣ [+]을 터치하여 진행합니다.

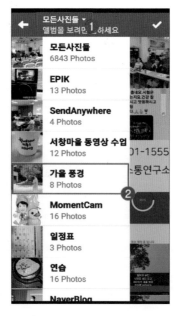
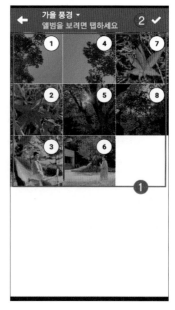

1️⃣ [확인]을 터치하여 갤러리로 이동합니다. 2️⃣ 최근 사진이 순서대로 보입니다. ① 더 많은 사진을 보려면 상단의 [모든사진들]을 터치합니다. ② 앨범 폴더별로 사진을 찾을 수 있습니다.
3️⃣ ① 동영상에 사용할 사진을 선택합니다. ② [V]를 터치하여 진행합니다.

1 사진이 추가된 동영상 편집 첫 화면입니다. 하단 메뉴 중에 [정렬]을 터치합니다. **2** ① 필요 없는 사진은 [X]를 터치하여 삭제합니다. ② 사진을 추가하려면 터치합니다. ③ 크기가 다른 사진이라도 동일하게 화면 채우기 할 수 있습니다. ④ [V]를 터치하여 진행합니다. **3** 다음 메뉴인 [편지]를 터치하여 진행합니다.

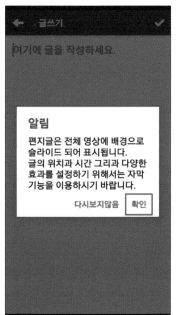 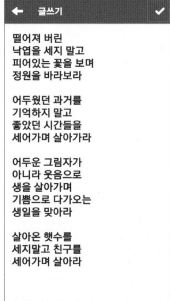 

1 [확인]을 터치하여 글쓰기로 이동합니다. **2** 글쓰기 창을 터치하여 영상에 넣을 글을 입력 후 [V]를 터치합니다. **3** ① 미리보기 화면에 글이 보이며 ② 하단에 글에 대한 편집 메뉴가 보입니다. 글을 삭제, 편집, 정렬, 글이 올라가는 속도를 설정할 수 있습니다. ③ 화살표 방향으로 드래그하여 다음 메뉴를 확인할 수 있습니다.

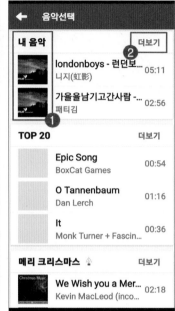

1 ① 글의 폰트, 글의 크기, 글의 색상을 편집할 수 있습니다. ② 글 편집이 모두 끝나면 [∨]를 터치합니다. 2 다음 메뉴인 [음악]을 터치합니다. 3 ① 사용자 음악 파일이 보입니다. ② 더 많은 음악을 보려면 [더보기]를 터치합니다.

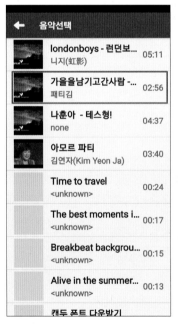
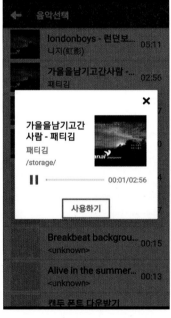

1 동영상에 추가할 음악을 선택합니다. 2 [사용하기]를 터치하여 진행합니다. 3 ① 다른 음악으로 교체하고 싶다면 터치하여 편집할 수 있습니다. ② 음악의 전주 부분을 빨간 점을 움직여서 편집할 수 있습니다. ③ 음악 설정이 끝났다면 [∨]를 터치합니다.

1 다음 메뉴 중 [시간]을 터치합니다. **2** ① 동영상 시간을 선택할 수 있으며 ② 동영상의 시간을 자유롭게 조절할 수 있습니다. ③ 동영상 시간을 세밀하게 조절할 수 있습니다. ④ 동영상 시간을 확정했다면 [V]를 터치합니다. **3** 메뉴 중 ① 추가 자막, 배경, 테두리, 화면전환, 필터, 스티커 등 추가 기능을 편집할 수 있습니다. ② [미리보기 플레이어]를 터치하여 영상 시간과 글이 올라가는 속도가 맞는지 확인하며 재조정합니다. ③ [V]를 터치하여 영상 편집을 완료합니다.

1 동영상 제작 중인 화면입니다. **2** 완성된 동영상은 사용자 갤러리에 자동 저장되며 동영상을 다른 사이트로 공유할 수 있습니다.

2. 캡컷(CapCut)

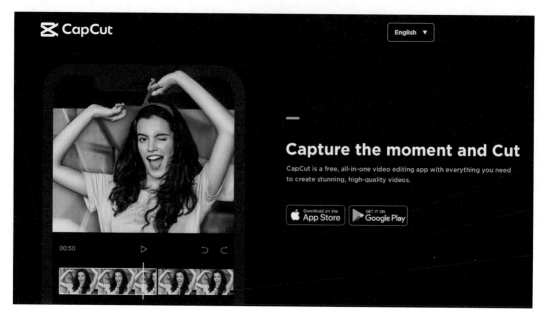

[캡컷(CapCut)] - "손쉬운 만능 영상 편집 도구가 생활 속 아름다운 순간의 편집을 도와 드립니다."라고 캡컷은 말하는데 다양한 스티커와 폰트 그리고 원클릭 템플릿 적용, 오버레이 기능, 고품질의 화면 효과, 애니메이션 효과, 시네마틱 필터의 기능이 있으며 키 프레임을 통해 쉽고 간편하게 영상을 편집할 수 있습니다.

▶ 안드로이드, IOS, PC(Mac, Windows), 웹에서 사용할 수 있으며 언제 어디서든 간단하게
　편집할 수 있습니다.

▶ 다양한 템플릿 제공하여 숏폼, 릴스, 틱톡 영상 등 다양한 크리에이티브에 적합합니다.

▶ 각종 트렌드 음악과 다양한 스티커, 트랜지션, 효과, 필터를 제공합니다.

▶ 텍스트/스피치 기능은 다양한 언어와 다양한 음성 효과, 녹음 기능을 지원합니다.

▶ 클릭 한 번으로 93개 언어로 자동 캡션을 생성합니다.

▶ 고급 필터와 원터치 뷰티 효과를 제공하여 작품을 쉽게 만들 수 있습니다.

▶ 다양한 음악 및 독점 음원을 제공합니다.

▶ 세련되고 멋진 스티커와 글씨체로 동영상을 꾸밀 수 있습니다.

▶ 오버레이(PIP) 기능으로 영상 위에 사진이나 영상을 올려서 편집할 수 있습니다.

▶ PIP 마스크, 크로마키, 동영상 배경 제거 기능으로 다양하게 활용할 수 있습니다.

▶ 그 외 다양한 기능들을 무료로 사용하여 영상을 편집할 수 있습니다.

■ 캡컷(CapCut) – 웹 버전, PC 버전 설치

▶ PC에서 [CapCut.com]을 검색합니다. 웹(온라인)에서 바로 작업을 하려면 [Open CapCut in your browser]를 클릭해서 바로 웹상에서 작업할 수 있습니다. 로그인하면 다른 PC에서도 작업할 수 있습니다. 인터넷 환경의 영향을 받을 수 있습니다.

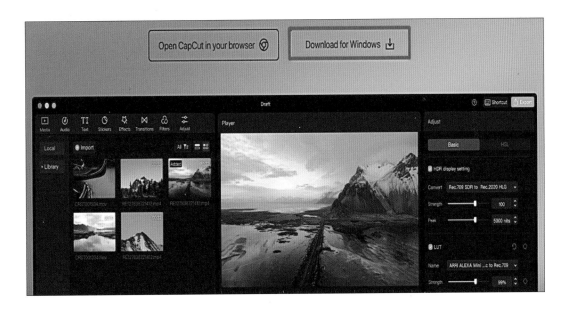

▶ 프로그램을 설치하여 사용할 경우 [Download for Windows]를 클릭합니다.
기능 효과가 더 다양하나, 아직 한국어 언어가 지원되지 않습니다. 회원가입을 하고 로그인해야 워터마크 제거가 가능합니다.

■ 캡컷(CapCut) – 모바일 앱 설치

1️⃣ ① [구글 플레이스토어] 또는 [앱 스토어]에서 [캡컷]을 검색하여 [설치]하고 ② [열기]를 합니다. 2️⃣ ① 사용 약관, 개인정보 수집 및 이용 동의에 체크 후 ② [동의합니다]를 터치합니다. 3️⃣ 알림에 대한 안내가 나오면 [허용]을 터치합니다. 알림은 나중에 알림 설정에서 변경할 수 있습니다.

memo

■ 기본화면 및 프로젝트 동영상 / 사진 추가하기

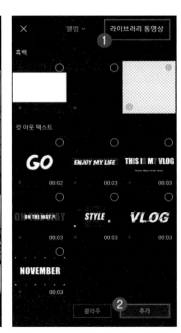

1 ① [설정]에서 언어설정, 기본 엔딩 추가 설정, 캐시 지우기 등을 할 수 있습니다. ② [편집]에서는 [새 프로젝트] 작업과 편집한 [프로젝트]목록을 확인할 수 있고 목록을 편집할 수 있습니다. ③ [템플릿]의 효과를 적용해서 멋진 영상을 쉽게 만들 수 있습니다. 릴스, 숏폼, 틱톡, 네이버 모먼트 등 짧은 영상 만들기에 좋으며 크리에이터들이 직접 만든 새로운 템플릿이 계속 업로드되고 있습니다. ④ [틱톡]이나 [페이스북]과 연동이 되어야 [알림]을 받을 수 있고 캡컷 아이디가 생성되며 여러 기능을 이용할 수 있습니다. ⑤ [새 프로젝트]는 앨범의 사진, 동영상과 라이브러리 동영상에서 영상을 만들기 위한 소스를 선택할 수 있습니다. [새 프로젝트]를 터치합니다. 2 ① [앨범]에서 내 갤러리의 동영상, 사진을 선택하고 ② [추가]를 터치합니다.

3 ① [라이브러리 동영상]에서는 캡컷에서 제공하는 짧은 영상이 여러 가지가 있는데 영상의 앞, 뒤나 중간에 추가할 영상을 선택합니다. ② [추가]를 터치합니다.

memo ✍

_____

_____

_____

_____

_____

■ CapCut 기본 화면 구성

▶ ① [미리보기 화면] : 편집한 화면이 보여지는 곳

② [타임코드] : 클립의 현재시간 / 전체시간

③ [재생] : 영상을 재생

④ [실행취소, 재실행, 전체화면 모드 / 원래대로]

⑤ [영상 오디오 삭제, 영상 커버 편집]

⑥ [플레이헤드] : 재생헤드라고도 하며 모든 편집 작업의 기준선으로 미리보기 화면도 플레이헤드 기준으로 보임

⑦ [메인 타임라인] : 영상 소스로 선택한 동영상 또는 사진

⑧ [추가] : 동영상, 사진 추가

⑨ [서브 타임라인] : 메인 타임라인에 사진, 음악, 효과 등을 추가하는 타임라인

⑩ [기본 메뉴] : 캡컷의 기본 메뉴 10가지

⑪ [동영상 해상도] : 동영상 해상도와 프레임 속도를 조절

⑫ [내보내기] : 영상 편집 후 비디오 및 프로젝트 저장, 공유

■ 동영상 컷 편집(트림 / 분할)

 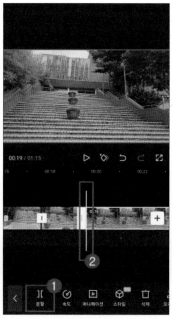 

1 ① 영상에서 분할할 위치에 플레이헤드를 이동시킵니다. ② 하단 메뉴에서 [편집]을 터치합니다. **2** ① [분할]을 터치합니다. ② 영상이 분할되어 있습니다. **3** ① [중간 영상을 삭제할 경우] 먼저 자를 영상의 [시작 부분]과 [마지막 부분]을 [분할] 하고 삭제할 중간 영상을 선택합니다. ② 하단 메뉴의 [삭제]를 터치하면 영상에서 분할된 영상이 삭제됩니다.

■ 장면전환 효과 적용하기

1 영상 사이 분할된 부분이나 사진 사이에 [장면전환 효과]를 적용할 수 있습니다.
2 ① [장면전환 효과] 종류에서 ② [선택]한 후 ③ [전환 효과 시간]을 조절하고 ④ 오른쪽 하단의 [∨]를 터치합니다. ⑤ [전체 적용]을 할 수도 있습니다. **3** 영상 사이에 [효과가 적용]된 것을 확인할 수 있습니다.

■ 텍스트 – 자막 추가, 템플릿, 텍스트 음성

1 하단 메뉴 중에 [T 텍스트]를 터치합니다. **2** [텍스트 추가]를 터치합니다. **3** [텍스트 입력]에 문구를 입력합니다.

1 ① [글꼴]에서 ② [글씨체]를 선택합니다. ③ [글꼴]을 추가할 수 있습니다. ④ 11개 국어 가 제공되며 [한국어]를 선택합니다. **2** ① [스타일]에서 ② 적용된 효과를 바로 적용할 수 있 습니다. 그리고 하단에서 직접 텍스트와 획(윤곽선)의 색상과 크기를 직접 선택할 수 있습니다. **3** ① [편집 효과]에서 ② 텍스트 색 효과를 선택하여 텍스트에 효과를 적용할 수 있습니다.

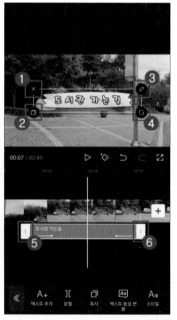

1 ① [말풍선]에서 ② 텍스트에 어울리는 말풍선을 선택합니다. **2** ① [애니메이션]에서 ② 텍 스트의 [입장, 퇴장, 고리]의 애니메이션을 ③ 각각 선택할 수 있습니다. ④ [인, 아웃 효과 시간] 을 조절할 수 있습니다. **3** 입력된 텍스트를 ① 삭제 ② 복사 ③ 편집 ④ 크기, 각도 조절할 수 있습 니다. ⑤, ⑥ 타임라인의 [텍스트 레이어] 길이를 조절하고 길게 롱 터치해서 위치를 옮길 수 있 습니다.

1️⃣ [텍스트 템플릿]을 터치합니다. 2️⃣ [텍스트 템플릿]은 모션, 디자인 효과가 적용되어 있습니다. 하나를 선택합니다. 3️⃣ ① [템플릿]의 [텍스트]를 편집할 수 있습니다. ② 텍스트 편집 [∨]를 터치합니다.

1️⃣ [텍스트 음성변환]을 터치합니다. 2️⃣ ① [한국어]를 선택하고 ② [변환 목소리]를 선택합니다. ③ [∨]를 터치합니다. 3️⃣ [재생 버튼]을 터치하여 선택한 목소리를 들어 봅니다.

■ 오디오 - 사운드, 편집하기 (저작권 주의 필수)

1 ① 하단의 기본 메뉴의 [오디오]를 터치하거나 ② 타임라인의 [오디오 추가]를 터치합니다.
2 하단의 [사운드]를 터치합니다. **3** ① 노래, 가수로 검색하거나 ② 카테고리에서 음악을 선택합니다.

1 ① [음악]을 터치하여 미리듣기를 할 수 있고 ② [즐겨찾기] 또는 [+]를 터치하여 음악을 추가합니다. **2** ① [♪]을 터치하면 ② 틱톡 계정과 연결할 수 있는데 틱톡의 기능을 이용할 수 있습니다. **3** ① [사운드 삽입]에서 ② [사운드 추출]은 다른 동영상에서 사운드를 추출할 수 있고 ③ [장치 내 사운드]는 내 기기의 음원을 사용할 수 있습니다.

1 ① [추천] 음악을 확인할 수 있고 ② [즐겨찾기], [음악 추가]를 할 수 있습니다. [틱톡 음원] 추천도 확인할 수 있습니다. **2** [즐겨찾기] 목록을 확인할 수 있습니다. **3** ① 추가한 음악을 영상 길이에 맞춰서 ② [분할]을 하고, 뒷부분 음악을 선택하여 삭제합니다.

1 ① [음악]을 터치하고 ② 메뉴의 [볼륨]을 터치합니다.
2 ① [볼륨] 소리를 조절하고 ② [∨]를 터치합니다. **3** [희미하게]를 터치합니다.

1 ① 음원의 [페이드 인, 페이드 아웃] 지속 시간을 조절합니다. ② [∨]를 터치합니다
2 [편집 효과]에서는 다양한 효과음을 삽입할 수 있습니다. **3** ① 카테고리별로 찾을 수 있고
[검색]도 가능합니다. ② [효과음]을 터치하여 들어보고 즐겨찾기와 추가할 수 있습니다.

1 하단의 [녹음]에서는 내 목소리를 직접 녹음하여 추가할 수 있습니다. **2** ① [녹음 버튼]을
눌러서 목소리를 녹음한 후 ② [∨]를 터치합니다. **3** [음성 녹음]이 추가된 것을 확인할 수 있
습니다.

■ 자동 캡션 – 음성으로 자동 자막 만들기

1️⃣ 주메뉴 [T 텍스트]의 [자동 캡션]을 터치합니다. 2️⃣ ① [사운드 소스]에서 [음성 녹음]을 선택하고 ② 언어가 [한국어]인지 확인하고 ③ [시작]을 터치합니다. ④ 작업이 끝나면 [∨]를 터치합니다. 3️⃣ 추출된 자막이 영상의 음성과 일치하게 [일괄 편집]에서 편집할 수 있습니다.

1️⃣ ① [자막]을 확인하고 문구를 수정한 후 ② [∨]을 터치합니다. 2️⃣ ① 녹음된 [자막]을 터치한 후 ② 하단 메뉴의 [스타일]을 터치합니다. 3️⃣ [글꼴], [스타일], [편집효과]에서 글씨 색을 선택하고 글꼴도 선택하여 글씨를 꾸밀 수 있습니다.

1 ① [말풍선]을 터치해서 ② 자막과 어울리는 모양을 선택합니다. **2** ① [애니메이션]에서는
② [자막 애니메이션] 효과를 적용할 수 있습니다. ③ 효과를 선택한 후 [∨]를 터치합니다.
3 ① [▷ 플레이]를 터치하여 ② 자막과 영상의 음성과 일치하는지 확인합니다.

■ PIP – 동영상, 사진 배경 제거

1 하단 메뉴의 [오버레이]를 터치합니다. **2** [PIP 추가]를 터치합니다. 영상 위에 사진이나 영
상을 추가할 수 있습니다. **3** ① [동영상]에서 ② 영상을 선택하고 ③ [추가]를 터치합니다.

1 영상을 터치하고 [오려내기]를 터치합니다. **2** ① [배경 제거]를 터치하면 ② 동영상의 배경
이 제거가 된 것을 바로 확인할 수 있습니다. **3** 손가락으로 크기를 조절하여 위치를 옮깁니다.

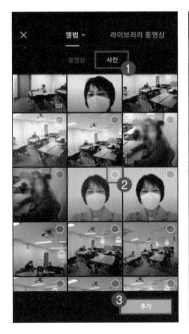  

1 ① 이번에는 [사진]에서 ② 사진을 [선택]한 후 ③ [추가]를 터치합니다. **2** 사진을 터치하
고 [오려내기]를 터치합니다. **3** ① [배경 제거]를 터치하면 ② [사진]의 배경 제거가 잘 된 것
을 확인할 수 있습니다.

■ 키 프레임 – 움직이는 모자이크, 텍스트

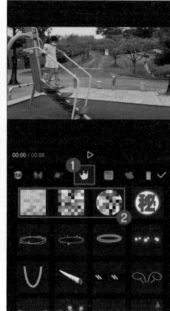
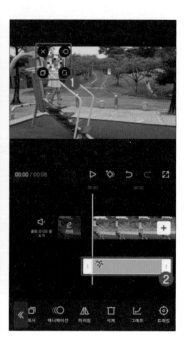

1️⃣ 하단 메뉴의 [스티커]를 터치합니다. 2️⃣ ① 카테고리 중에서 왕관 모양의 아이콘을 터치하면 [모자이크] 종류가 있습니다. ② 하나를 선택합니다. 3️⃣ ① [모자이크] 크기를 조절하여 시작 위치로 옮깁니다. ② 타임라인의 [모자이크 레이어]를 영상 길이에 따라 조절합니다.

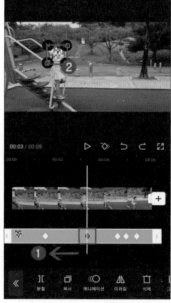

1️⃣ ① [키 프레임] 버튼을 터치하고 ② [모자이크 레이어]를 왼쪽으로 영상의 움직임에 따라 조금씩 이동하며, ③ 얼굴의 [모자이크]를 영상에서 움직임에 맞춰 이동합니다. 2️⃣ [키 프레임]이 적용된 것을 확인할 수 있습니다. ① [모자이크 레이어] ② [모자이크] 순서로 움직입니다.
3️⃣ ① 영상을 플레이하면서 ②, ③이 맞는지 확인하면서 [키 프레임] 효과를 적용합니다.

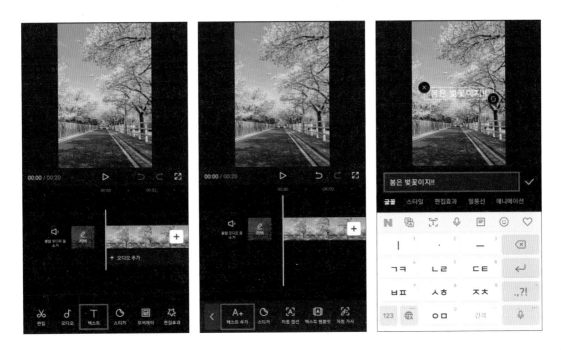

1️⃣ 움직이는 텍스트를 입력하기 위해 메뉴의 [T 텍스트]를 터치합니다. 2️⃣ [텍스트 추가]를 터치합니다. 3️⃣ [텍스트]를 입력합니다.

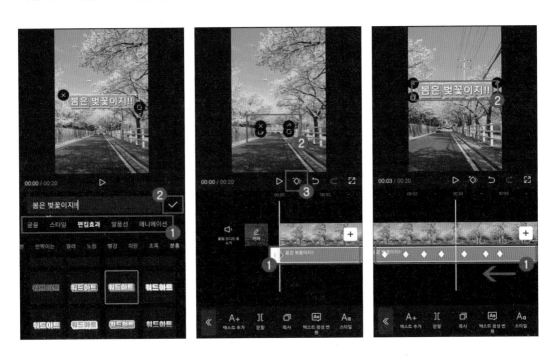

1️⃣ ① [텍스트 편집]으로 글 꾸미기를 합니다. ② [∨]를 터치합니다. 2️⃣ ① [키 프레임]을 시작할 위치에 [텍스트 레이어]를 이동하고 ② [텍스트]의 크기와 위치를 이동시킵니다. ③ [키 프레임]을 눌러서 시작합니다. 3️⃣ ① [텍스트 레이어]를 움직이고 ② [텍스트] 크기와 위치를 이동시키는 순서로 영상에 맞게 조정합니다.

■ 스타일 활용으로 멋진 효과 주기 – 3D 줌, 3D 만화, PopUpAlbum, 입자 소멸

1️⃣ [새 프로젝트]를 터치합니다. 2️⃣ ① [사진]에서 사진을 몇 장 선택하여 ② [추가] 합니다.
3️⃣ ① [사진]을 터치하고 ② 하단 메뉴에서 [스타일]을 터치합니다.

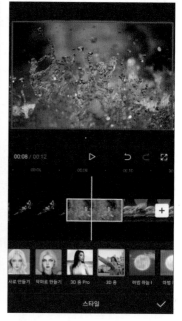

1️⃣ [스타일]에서 [3D 줌]을 터치합니다. 2️⃣ [플레이]를 하면 평면인 사진이 입체감 있게 움직
이는 것을 확인할 수 있습니다. 3️⃣ 다른 사진에도 [3D 줌] 효과를 줘서 확인합니다.

1️⃣ ① [동영상]에서 ② 사람이 나와 있는 [동영상]을 선택하고 ③ [추가]합니다.

2️⃣ ① 타임라인의 동영상 레이어를 터치하고 ② 하단의 [스타일]을 터치합니다.

3️⃣ [3D 만화]를 터치합니다. 얼굴이 노출되지 않게 할 때 사용하면 유용합니다.

  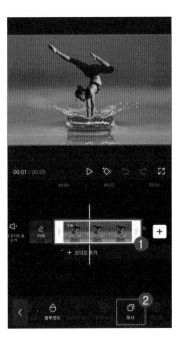

1️⃣ 동영상의 사람 얼굴이 [만화]로 바뀐 것을 볼 수 있습니다. 2️⃣ 이번에는 사진에 다른 효과를 주겠습니다. ① [새 프로젝트]의 [사진]에서 ② 사진을 선택하여 ③ [추가]합니다.

3️⃣ ① [사진]을 선택하고 하단 메뉴에서 ② [복사]를 터치해서 2장을 더 추가합니다.

1 ① 첫 번째 사진을 터치하고 ② [스타일]을 터치합니다. **2** [PopUpAlbum]을 터치해서 적용합니다. **3** 두 번째 사진에서 [스타일]의 [입자 소멸 2]를 터치하여 적용합니다.

1 세 번째 사진에서는 [입자 소멸 1]을 터치하여 효과를 적용합니다. **2** [PopUpAlbum] 효과가 적용된 첫 번째 사진의 결과입니다. **3** [입자 소멸] 효과가 적용된 사진입니다. [스타일]을 이용하면 사진을 입체감 있고 다양한 영상으로 만들 수 있습니다.

■ 템플릿 사용하여 초간단 영상 만들기 – 릴스, 숏폼, 틱톡 등

1 [캡컷]에서 제공하는 [템플릿]을 이용하면 동영상을 쉽게 만들 수 있습니다. 2 [템플릿]
을 선택합니다. ① 템플릿 영상 길이, 클립 개수, 사용 수가 나와 있고 ② 즐겨찾기, 저장, 공유, 링
크 복사를 할 수 있고 댓글은 로그인해야 이용할 수 있습니다. ③ [템플릿 사용]을 터치합니다.
3 ① 사진을 선택하고 ② [미리보기]를 터치합니다.

1 ① [플레이]를 해보고 ② [내보내기]를 터치합니다. 2 [워터마크 없이 내보내기]를 터치
합니다. 3 ① [틱톡]에 공유하거나 ② 인스타그램, 페이스북 등 기타를 눌러서 다양하게 공유할
수 있습니다.

1. 구글킵

1 [구글 Play스토어]에서 ① [구글킵]을 설치한 후 ② [열기] 버튼을 터치합니다. 2 ① 상단의 메뉴는 메모를 고정하거나 ② 알림을 설정하고 ③ 메모를 보관합니다. ④ [제목]을 터치합니다. 3 ① 메모의 제목과 ② 내용을 작성하고 ③ 하단의 [점 세 개]를 터치합니다.

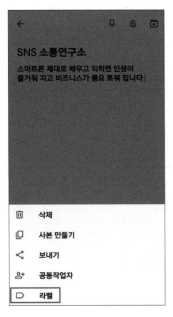
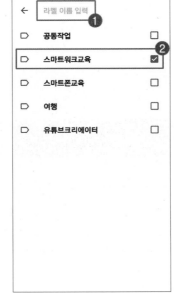
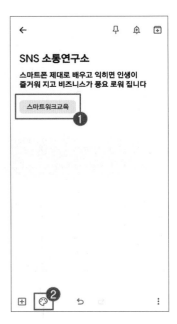

1 팝업창에서 [라벨] 메뉴를 터치합니다. 2 ① 라벨 이름을 입력하거나 이미 있다면 ② 하단의 라벨 중에서 선택합니다. 3 ① 라벨을 선택했다면 ② 하단의 [색 팔레트]를 선택합니다.

 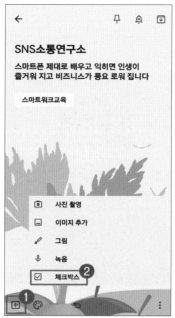 

1 ① [색상]이나 ② [배경] 중에서 선택하고 ③ 빈 화면을 터치하면 배경이 바뀐 것을 확인합니다. **2** ① 하단의 [+]을 터치하여 메뉴 탭에서 ② [체크박스]를 터치합니다. **3** 체크할 메모 항목을 추가합니다.

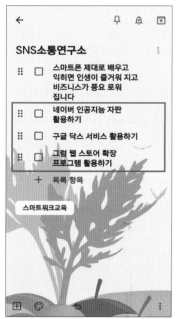 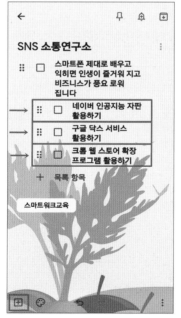 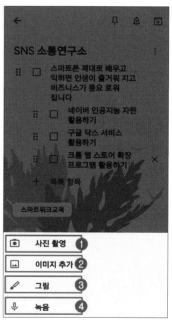

1 [체크 목록]을 작성합니다. **2** 작성한 체크 목록을 하위 메뉴로 설정하기 위해 목록을 우측으로 밀어줍니다. 하단의 [+] 버튼을 터치합니다. **3** ① 사진을 촬영하거나 ② 이미지를 추가합니다. ③ 그림을 그리거나 ④ 녹음할 수 있습니다.

1 ① 사진을 촬영하거나 ② 이미지를 추가하면 메모 상단에 위치합니다. **2** 추가된 이미지를 터치하여 이미지 상단의 [연필] 버튼을 터치합니다. **3** ① 이미지 위에 다양한 펜을 사용하여 그림을 그릴 수 있습니다. ② 상단의 [점 세 개]를 터치합니다.

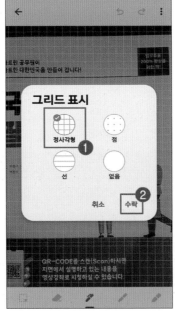
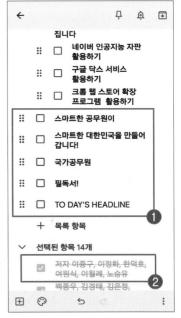

1 이미지 위에 ① [그리드 표시]를 할 수 있고 ② [이미지에서 텍스트 가져오기]를 할 수 있고 ③ [복사] ④ [보내기] ⑤ [삭제]할 수 있습니다. [그리드 표시]를 터치합니다. **2** ① 그리드 종류를 선택하고 ② [수락]을 터치합니다. 앞의 화면의 ② [이미지에서 텍스트 가져오기]를 터치합니다. **3** ① 이미지에서 가져온 텍스트를 체크 박스로 표시하여 체크합니다. ② 체크된 내용은 메모 하단에 보기와 같이 정리됩니다.

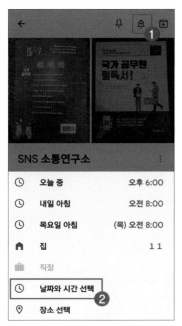
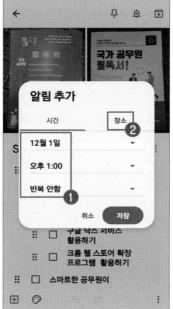
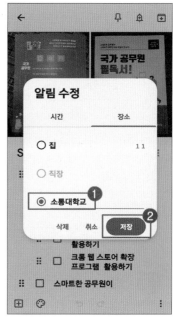

1 ① 상단의 [알림] 버튼을 터치하여 ② [날짜와 시간을 선택]합니다. 2 ① 알림 날짜, 시간, 반복여부를 정할 수 있습니다. ② [장소]를 터치합니다. 3 ① 알림을 받을 장소를 입력하고 ② [저장]을 터치합니다.

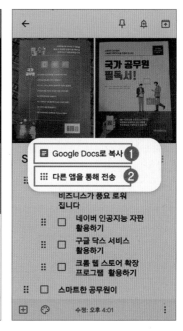

1 하단의 [점 세 개]를 터치합니다.
2 메모를 ① [삭제], ② [사본 만들기], ③ [보내기], ④ [공동작업자], ⑤ [라벨] 메뉴를 사용할 수 있습니다.
3 [보내기]를 터치하여 ① [구글 문서], ② [다른 앱을 통해 전송]할 수 있습니다.

1 공유할 [카카오톡]을 선택합니다. 2 ① 공유할 대상을 선택한 후 ② [확인]을 터치합니다.
3 공동작업자를 터치하여 [공유할 사용자 또는 이메일]을 작성합니다.

▶ ① [이메일]을 작성한 후 ② [저장]을 터치합니다.

2. 1초메모

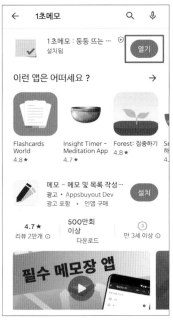

1️⃣ [구글 Play스토어]에서 ① [1초메모]를 검색한 후 ② [설치] 버튼을 터치합니다.
2️⃣ 앱이 설치가 되면 [열기] 버튼을 터치합니다. 3️⃣ 1초메모 앱을 사용하기 위해 [다른 앱 위에 표시]를 선택합니다. [다른 앱 위에 표시] 화면이 뜨지 않을 경우, 스마트폰의 [설정]의 [애플리케이션]의 상단 점3개 터치해서 [특별한 접근]을 터치하면 됩니다.

1️⃣ [다른 앱 위에 표시]에서 [1초메모앱]을 활성화합니다. 2️⃣ [1초메모]를 열기하여 화면에 생긴 메모창 왼쪽 상단의 [점 세 개]를 터치합니다. 작성한 메모 목록을 확인할 수 있고 메모를 [핀]을 터치하면 목록 상단에 고정할 수 있습니다. 3️⃣ [설정]을 터치합니다.

1등 버서! 스마트폰 제대로 활용하기!

1 [설정]에서 [에버노트] 등 많은 노트 앱을 동기화하여 사용할 수 있습니다. **2** 필요한 노트 앱을 선택한 후 [구글로 계속하기]를 터치합니다. **3** 로그인하기 위해 ① [G-메일 계정]을 입력한 후 ② [다음]을 터치합니다.

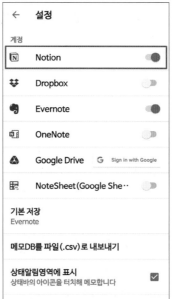

1 ① [비밀번호]를 입력한 후 ② [다음]을 터치합니다. **2** 클라우드 서비스 [Notion]과 계정 연결된 것을 확인합니다. **3** ① [설정]에서 ② 메모지 색상 및 다양한 옵션을 확인하여 설정할 수 있습니다. [메모지 색상]을 터치합니다.

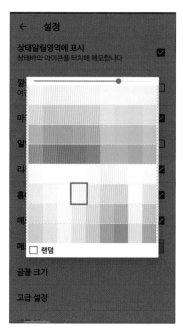

1 색상을 선택합니다.

2 1초메모 [색상]이 바뀐 것을 확인합니다.

3 ① 메모를 작성한 후 ② [노션]으로 공유합니다.

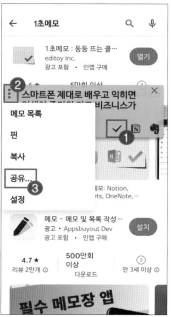
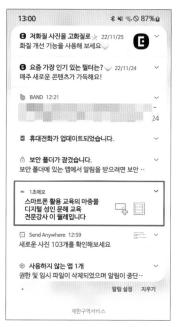

1 노션앱에 업로드된 내용을 확인합니다. 2 ① 작성한 메모장의 [∨] 터치하여 저장합니다. 알림창에서도 확인할 수 있습니다. 메모장 왼쪽 상단의 ② [점 세 개]를 터치하여 ③ [공유] 버튼을 터치합니다. 3 알림창에서도 확인할 수 있습니다.

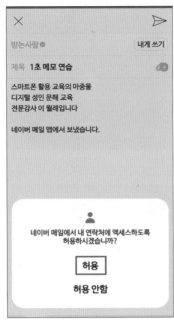

■1 작업을 수행할 [네이버 메일]을 터치합니다. ■2 네이버 메일에서 연락처를 사용하도록 [허용]을 터치합니다. ■3 ① [받는사람]과 ② [제목]을 입력한 후 ③ [전송] 버튼을 터치합니다.

■1 네이버 메일에서 [내게쓴메일함]을 확인합니다. ■2 [내게쓴메일함]에서 내용을 확인합니다.
■3 메모장의 ① [점 세 개]를 터치하여 ② [메모 목록]을 확인하고 ③ 작성한 메모를 지그시 눌러 [핀]을 터치하면 목록 상단에 고정할 수 있습니다.

3. 스피치노트

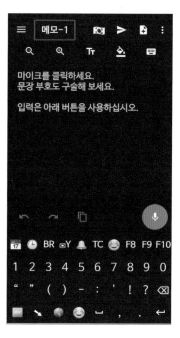

1️⃣ [구글 Play스토어]에서 ① [스피치노트]를 검색한 후 ② [설치] 버튼을 터치합니다.
2️⃣ 앱이 설치가 되면 [열기] 버튼을 터치합니다. 3️⃣ 상단의 [메모-1]을 터치하여 메모 제목을
작성합니다.

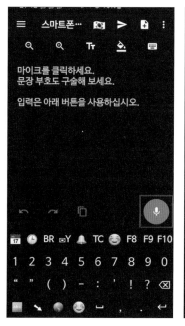
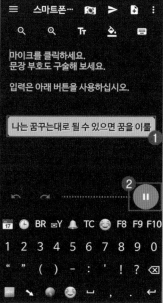

1️⃣ ① [메모 이름]을 바꾸고 ② [완료]를 터치합니다. 2️⃣ 빨간색의 [음성 입력] 버튼을 터치하
여 메모를 작성합니다. 3️⃣ ① 말하는 음성 그대로 문장으로 바뀌어 표시되며 ② [음성 입력] 버튼
을 터치하기 전까지 계속 입력이 가능합니다.

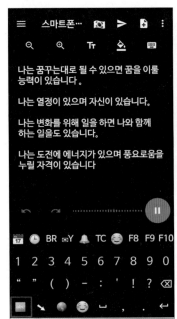

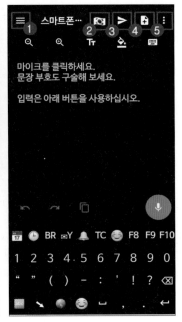

1 음성 입력으로 메모를 작성한 후 틀린 문구는 하단의 [abc] 버튼을 터치하여 수정합니다.
2 ① 크게 ② 작게하거나, ③ 글씨체를 바꿀 수 있으며, ④ 메모배경을 밝게, 어둡게 할 수 있으며
⑤ 터치하면 키보드가 보입니다. 3 ① [삼선]을 터치합니다.

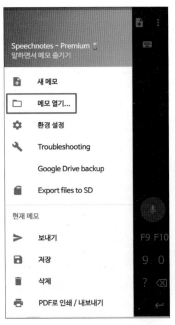
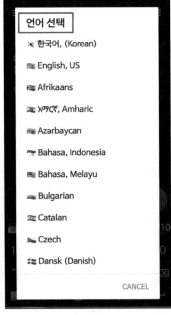

1 [삼선]은 새 메모를 작성하거나 저장된 메모 열기 등을 할 수 있습니다. 2 [태극기]는 언어
를 선택할 수 있습니다. [전송] 버튼은 메모를 카카오톡 등으로 공유할 수 있습니다. [플러스]
버튼은 새 메모장을 엽니다. 3 [설정] 버튼은 ① 메모 이름을 바꾸거나 ② 메모의 글자 수를 알
수 있습니다.

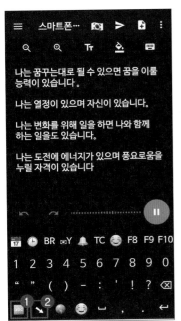
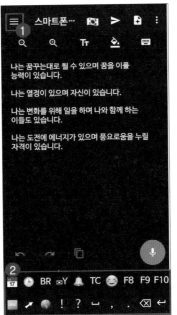
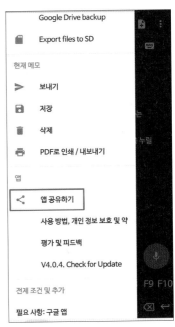

1 ① [자판]으로 변경하여 글자를 수정하거나 ② [↘] 버튼을 터치하여 메뉴바를 축소 시킵니다.
2 ① 상단 [삼선]을 터치하여 **3** [앱 공유하기]를 터치합니다.

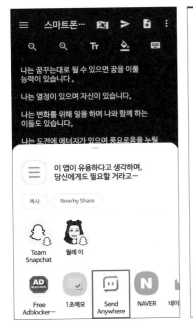

1 팝업창에서 공유 가능한 앱을 활용하여 공유합니다. 예를 들어 [Send Anywhere]를 터치합니다. **2** [공유할 기기]를 선택합니다. **3** 기기로 보내기에서 [확인]을 터치합니다.

1 전송 내역을 확인합니다. 2 ① 홈 화면에 설치된 [스피치노트 앱]을 지그시 터치하여 팝업창에서 ② [위젯]을 터치합니다. 3 오른쪽의 [2X2] 큰 크기를 선택합니다.

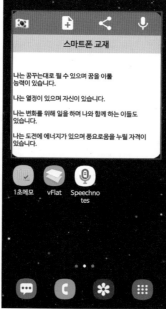

1 스피치 노트 위젯이 보이면 화면을 지그시 터치하여 ① [파란 동그라미]를 드래그하여 크기를 크게 합니다. 2 홈 화면에서 자유롭게 활용합니다. 마이크 버튼을 터치하면 바로 음성으로 메모를 할 수 있고, 한 번 더 터치하면 중단하고 저장됩니다.

1. 구글 번역

[구글 번역] 앱은 100여 개 이상의 언어 번역을 지원합니다.

[구글 번역] 앱의 주요 기능

▶ 텍스트 번역: 입력을 통해 108개 언어 번역

▶ 탭하여 번역: 어떤 앱에서나 텍스트를 복사하고 Google 번역 아이콘을 탭하여 번역(모든 언어)

▶ 오프라인: 인터넷 연결 없이 번역(59개 언어)

▶ 즉석 카메라 번역: 카메라로 가리키기만 하면 이미지의 텍스트를 즉시 번역(94개 언어)

▶ 사진: 사진을 찍거나 가져와 고품질로 번역(90개 언어)

▶ 대화: 2가지 언어로 된 대화를 실시간으로 번역(70개 언어)

▶ 필기 입력: 입력하는 대신 필기로 텍스트 문자 쓰기(96개 언어)

▶ 표현 노트: 번역된 단어와 구문을 별표 표시하고 저장하여 나중에 참고(모든 언어)

▶ 기기 간 동기화: 로그인하여 앱과 데스크톱 간에 표현 노트 동기화

▶ 텍스트 변환: 다른 언어를 사용하는 사람의 말을 거의 실시간으로 연속 번역(지원되는 언어 8개)

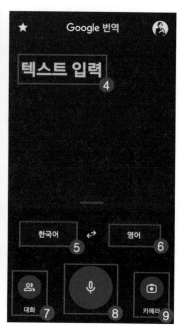

1 [구글 Play 스토어]에서 ① [구글번역]을 검색하여 ② [설치]를 터치합니다. **2** 설치가 완료되면 ③ [열기]를 터치합니다. **3** ④ [텍스트 입력]을 터치하면 텍스트를 입력하여 번역이 가능 합니다. ⑤ [출발 언어]를 선택합니다. ⑥ [도착 언어]를 선택합니다. ⑦ [대화]를 터치하여 말하면 번역을 할 수 있습니다. ⑧ [마이크]를 터치하여 말하면 번역을 할 수 있습니다. ⑨ [카메라]를 터치하면 사진을 촬영하거나 사진을 불러와서 번역할 수 있습니다.

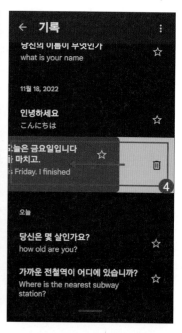

1 ① 오른쪽 상단에 [프로필] 아이콘을 터치하면 **2** ② [저장된 스크립트]는 번역한 내용 중 별표 표시해 둔 내용을 저장 보관하고 있는 곳으로 보관된 내용을 확인할 수 있습니다. ③ [기록]은 번역한 내용을 기록으로 보관하고 있으며 **3** ④ 삭제를 원하는 경우 해당 영역에서 손가락으로 왼쪽 또는 오른쪽으로 드래그하면 삭제됩니다.

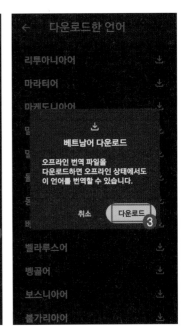

1 [다운로드한 언어]는 여러 개의 언어를 다운로드하면 인터넷에 연결되어 있지 않을 때도 여러 언어 간에 번역을 할 수 있습니다. 네트워크 상태가 원활하지 않은 나라 방문 시 사전에 해당 나라의 언어를 다운로드 해 가면 편리하게 활용할 수 있습니다. ① [다운로드한 언어]를 터치합니다. **2** 방문할 나라의 언어를 찾아 ② 영역에 다운로드 [아이콘]을 터치한 후 **3** ③ [다운로드]를 터치합니다.

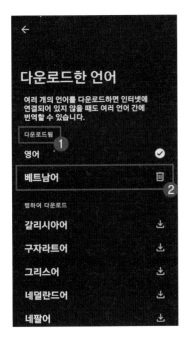

▶ 다운로드가 완료되면 해당 언어는 ① [다운로드됨] 영역에 보여지고 삭제를 원할 경우, 해당 언어 오른쪽에 ② [삭제] 아이콘을 터치하여 삭제합니다.

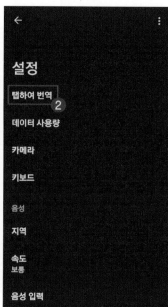
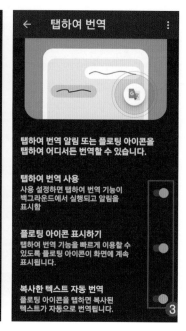

1 ① [설정]을 터치하면 세부적인 설정 변경이 가능한데, 이중 탭하여 번역 기능은 탭하여 번역 알림 또는 플로팅 아이콘을 탭하여 어디서든 번역을 할 수 있습니다. 2 ② [탭하여 번역]을 터치하여 3 ③ 해당 영역의 기능들을 활성화합니다.

1 플로팅 아이콘 표시를 활성화하는 경우 화면의 ① [권한 관리]를 터치하여 2 다음 화면에서 ② 번역 앱을 다른 앱 위에 표시할 수 있도록 [활성화] 후 상단 왼쪽에 ③ [뒤로]를 터치합니다. 3 ④ 홈 화면으로 이동해 보면 구글 번역 플로팅 아이콘이 표시된 것을 볼 수 있습니다.

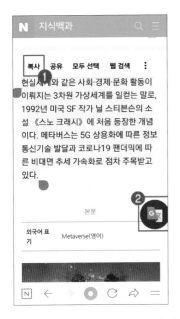  

1️⃣ 플로팅 아이콘은 구글 번역 앱을 별도로 실행하지 않아도 ① 글자를 복사한 후 ② 해당 아이콘을 터치하면 2️⃣ ③ 번역된 것을 확인할 수 있습니다. 3️⃣ 홈 화면에서 플로팅 아이콘을 숨기기 하려면 ④ 아이콘을 지그시 누른 후 하단에 ⑤ [X] 아이콘으로 드래그하여 숨기기 합니다.

■ 텍스트 입력 번역 : 입력을 통해 108개 언어 번역

1️⃣ ① [출발 언어]를 터치하여 입력할 언어를 선택합니다. ② 해당 영역을 터치하면 출발 언어와 도착 언어를 맞바꿀 수 있습니다. ③ [도착 언어]를 터치하여 번역될 언어를 선택합니다. ④ [텍스트 입력]을 터치하여 2️⃣ ⑤ 텍스트를 입력합니다. ⑥ 해당 영역을 터치하면 입력하는 대신 필기로 텍스트 문자 쓰기(96개 언어)로 번역할 내용을 손글씨로 입력할 수 있습니다. ⑦ 텍스트 입력 완료 후 [이동]키를 터치하면 번역된 문장을 확인할 수 있습니다. 3️⃣ ⑧ 해당 영역을 터치하면 번역된 언어를 복사합니다. ⑨ 스피커 아이콘을 터치하면 번역된 언어를 음성으로 들을 수 있습니다.

■ 대화 번역 : 2가지 언어로 된 대화를 실시간으로 번역(70개 언어)

1️⃣ 대화할 상대방이 옆에 있는 경우, ① [대화]를 터치하면 2️⃣ 처음 한 번만 번역에서 오디오를 녹음하도록 허용하기 위해 ② [앱 사용 중에만 허용]을 터치합니다. 3️⃣ ③ [손바닥 모양]의 아이콘을 터치합니다.

1️⃣ ① 영역의 내용처럼 '상대방에게 번역을 통해 대화해요'라는 내용의 화면을 보여준 후 ② [X]를 터치하여 창을 닫습니다. 2️⃣ 대화 창에서 ③ [한국어]를 터치하면 언어를 변경할 수 있습니다. 대화하기 위해 ④ [마이크]를 터치하여 말을 하면 해당 언어가 화면 하단에 자동 번역되는 것을 볼 수 있습니다. ⑤ 자동 영역의 [마이크]를 터치하면 자동으로 두 언어를 듣고 번갈아 번역을 해줘서 외국인과 대화를 할 수 있습니다.

■ 음성 번역

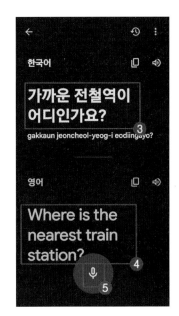

1 음성으로 번역하기 위해 먼저, ① 영역에서 [출발 언어]와 [도착 언어]를 선택합니다. ② [마이크]를 터치한 후 **2** 대화 창이 나타나면 말을 합니다. **3** ③ 영역에 말한 내용이 나타나며, ④ 영역에 번역된 내용을 볼 수 있습니다. 다시 말하고 싶다면 ⑤ [마이크]를 터치하여 말합니다.

■ 즉석 카메라 번역 : 이미지, 간판, 책 등의 번역을 원하는 영역에 카메라로 가리키기만 하면 즉시 번역(94개 언어)해 주는 기능

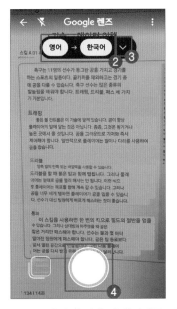
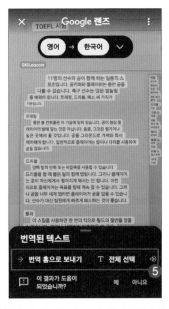

1 책의 내용을 번역하기 위해 먼저, ① 영역에서 [카메라]를 터치합니다. **2** ② [출발 언어]와 [도착 언어]를 선택합니다. 그러면 즉석에서 도착 언어로 번역이 되는 것을 볼 수 있으며, ③ 영역을 터치하면 원문 보기를 할 수 있습니다. ④ 영역에 [셔터]를 터치하면 **3** 번역된 내용을 [번역 홈으로 보내기]하여 원문과 번역문을 볼 수 있으며, 그 이외에도 [전체 선택], [듣기], [공유]를 할 수 있습니다.

 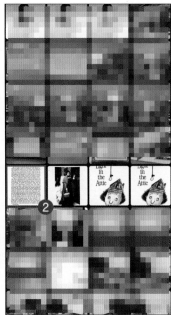 

1 갤러리에 저장된 사진을 가져와 번역을 위해 셔터 버튼 왼쪽에 ① 영역을 터치합니다.

2 ② 사진이 저장된 갤러리에서 번역할 이미지를 선택합니다.

3 ③ 이미지를 가져와 즉시 번역된 것을 확인할 수 있습니다.

memo

2. 네이버 파파고

[네이버 파파고] 앱은 현재 한국어, 영어, 일본어, 중국어(간체, 번체), 스페인어, 프랑스어, 베트남어, 태국어, 인도네시아어, 러시아어, 독일어, 이탈리아어 총 13개 국어 번역을 지원합니다.

[네이버 파파고] 앱의 주요 기능

▶ 텍스트 번역: 번역이 필요한 문구를 텍스트로 입력하면 실시간 번역

▶ 이미지 번역: 카메라로 찰칵 찍고 버튼만 누르면, 이미지 속 문자를 자동으로 인식하여 번역

▶ 음성 번역: 번역이 필요한 내용을 음성으로 말하면 실시간 번역

▶ 오프라인 번역: 인터넷 연결 없이도 텍스트 번역 사용

▶ 대화 번역: 외국인과 1:1 대화가 필요한 상황에서 서로의 언어로 동시 대화 가능

▶ 필기 번역 : 손가락으로 슥슥 글자를 써주면 무슨 뜻인지 찾아주는 필기 번역

▶ 웹사이트 번역 : 해외 웹사이트 URL만 넣으면 전체 내용을 자동으로 번역

▶ 에듀: 공부할 지문을 촬영하면 나만의 노트가 만들어져 본문, 단어 학습 가능

  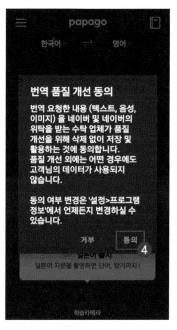

1 [구글 Play 스토어]에서 ① [네이버 파파고]를 검색하여 ② [설치]를 터치합니다. **2** 설치가 완료되면 ③ [열기]를 터치합니다. **3** ④ 번역 품질 개선 동의 화면에서 [동의]를 터치합니다.

▶ ① [출발 언어]와 [도착 언어] 변경할 수 있습니다.
② [번역할 내용을 입력하세요]를 터치하여 번역할 내용을 입력하면 도착 언어로 번역됩니다.
③ [음성]을 터치하여 번역이 필요한 내용을 음성으로 말하면 번역됩니다.
④ 외국인과 1:1 대화가 필요한 상황에서 [대화]를 터치하여 서로의 언어로 동시 대화 가능합니다.
⑤ [이미지]를 터치하여 카메라로 찰칵 찍고 버튼만 누르면, 이미지 속 문자를 자동으로 인식하여 번역합니다.
⑥ [학습카메라]는 공부할 지문을 촬영하면 나만의 노트를 만들어 저장하여 본문, 단어를 학습합니다.

1등 비서! 스마트폰 제대로 활용하기!

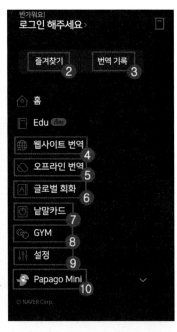

1 ① 왼쪽 상단에 [☰] 메뉴를 터치합니다. 2 ② [즐겨찾기]는 번역한 글에서 즐겨찾기한 내용을 볼 수 있습니다. ③ [번역 기록]은 지금까지 번역한 내용을 볼 수 있으며 [편집]을 터치하여 삭제 가능합니다. ④ [웹 사이트 번역]은 번역을 원하는 인터넷 사이트 주소를 입력 후 사이트 번역을 할 수 있습니다. ⑤ [오프라인 번역]은 원하는 언어팩을 다운로드하여 오프라인 환경에서도 번역할 수 있습니다. ⑥ [글로벌 회화] 상황에 따른 기본 회화를 확인할 수 있습니다. ⑦ [낱말카드]는 카테고리별 낱말 카드를 이용하여 보고, 듣고, 따라 할 수 있도록 합니다. ⑧ [GYM] 회원 가입 후 사용 가능한 서비스로 파파고에서 제시되는 원문과 번역문을 읽고 번역문이 알맞게 번역되었는지 판단하여 평가해 주는 기능입니다. ⑨ [설정]은 파파고를 사용할 때 필요한 다양한 설정을 할 수 있습니다. ⑩ [Papago Mini]는 텍스트, 음성, 이미지 등 파파고 아이콘을 홈 화면에 띄워서 실시간으로 사용할 수 있도록 합니다.

1 ① [출발 언어], [도착 언어]를 선택한 후 ② [번역할 내용을 입력하세요]를 터치하여
2 ③ 번역할 내용을 입력합니다. ④ 하단에 선택한 [도착 언어]로 번역됩니다. ⑤ [스피커] 아
이콘을 터치하면 음성으로 듣기가 가능합니다. ⑥ 해당 영역을 터치하면 번역 결과를 복사합니다.
⑦ 번역한 내용을 공유합니다. ⑧ 해당 영역을 터치하면 [즐겨찾기]에 보관됩니다. ⑨ 번역된 내
용을 전체화면으로 보여줍니다. 3 ⑩ 해당 아이콘을 터치하면 손가락으로 글자를 쓰면 번역해
주는 필기 번역 아이콘입니다.

■ 음성 번역: 번역이 필요한 내용을 음성으로 말하면 실시간 번역

1 ① [음성]을 터치합니다. 2 ② [앱 사용 중에만 허용]을 터치하여 3 ③ 번역할 내용을 말하
면 하단에 선택한 [도착 언어]로 번역된 문장을 보여줍니다. ④ 번역을 다시 하려면 하단에 마이
크를 터치하여 말하면 새롭게 번역됩니다.

■ 대화 번역

1 ① [대화]를 터치한 후 외국인과 1:1 대화가 필요한 상황에서 2 마이크를 터치하여 서로의 언어로 동시에 대화가 가능합니다.

■ 이미지 번역

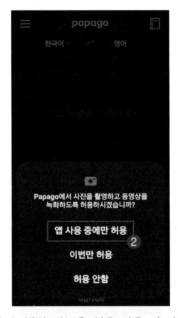
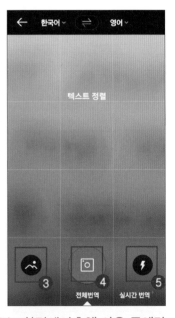

1 ① [이미지] 터치합니다. 2 ② 해당 기능을 처음 사용 시 나오는 화면에서 [앱 사용 중에만 허용]을 터치합니다. 3 ③ 해당 영역은 갤러리에서 사진을 불러와 번역할 수 있습니다. ④ 번역할 영역을 [전체번역], [실시간 번역], [부분번역] 중 선택한 후 카메라로 찰칵 찍으면, 이미지 속 문자를 자동으로 인식하여 번역합니다. [부분번역]의 경우 번역을 원하는 부분을 손가락으로 문지르면 번역 가능합니다. ⑤ 플래시를 켜고 끕니다.

■ 학습 카메라

공부할 지문을 촬영하면 나만의 노트를 만들어 저장하여 본문, 단어 학습 가능한 기능으로 회원가입 후 사용 가능합니다.

1. 음성메시지 보내기

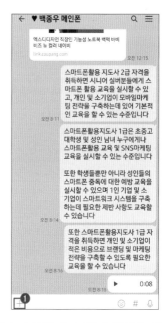

1️⃣ ① [Play 스토어]에서 [카카오톡]을 검색, 설치한 후 [열기]를 터치합니다. 2️⃣ [채팅] 페이지로 이동합니다. 3️⃣ 원하는 카카오톡 채팅방으로 입장해서 ① 하단의 [+] 버튼을 터치합니다.

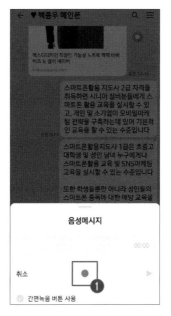
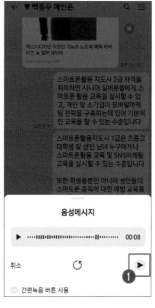

1️⃣ ① [음성메시지]를 선택합니다. 2️⃣ ① 하단의 [녹음] 버튼을 터치한 후 녹음합니다.
3️⃣ 녹음이 완료되고 ① 우측의 [전송] 버튼을 터치하면 음성메시지가 전송됩니다.

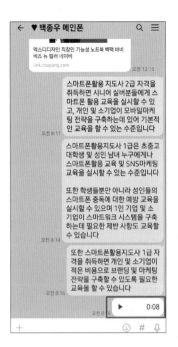
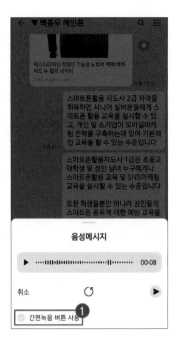

1 8초간 녹음된 음성메시지가 전송된 것을 확인할 수 있습니다. **2** 음성메시지 메뉴 ① 하단의 [간편녹음 버튼 사용]을 선택하면 메시지 입력창에 마이크가 생겨서 바로 음성 녹음이 가능해집니다. **3** 메시지 입력창에서 ① [마이크]를 손가락으로 꾸욱 계속 누른 상태에서 음성을 녹음할 수도 있습니다. 손가락을 떼면 음성녹음도 완료됩니다.

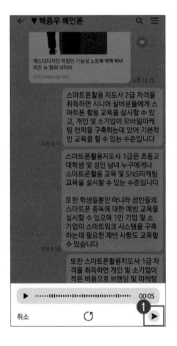
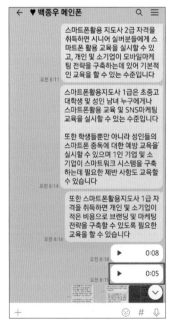

1 음성 녹음이 완료되면 ① 우측의 [전송] 버튼을 터치해서 전송합니다. **2** 5초간 녹음된 음성 메시지가 전송된 것을 확인할 수 있습니다.

2. 지도 서비스

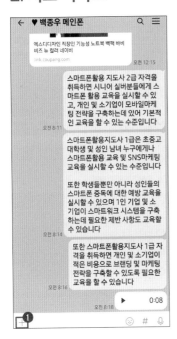

1️⃣ 카카오톡 대화방에서 ① 하단의 [+] 버튼을 터치합니다. 2️⃣ ① [지도]를 선택합니다.
3️⃣ 현재 위치 정보를 표시해줍니다. ① [위치정보 보내기]를 선택하면 나의 위치 정보를 상대방
에게 전달해 줍니다.

1️⃣ 나의 위치 정보를 상대방에게 전달된 화면입니다. 2️⃣ 카카오톡 대화방에 있는 상대방에게 공
유하고 싶은 곳을 검색해서 보낼 수도 있습니다. [SNS소통연구소]를 검색해서 ① [위치정보 보
내기]를 터치합니다. 3️⃣ 상대방에게 전달된 위치 정보입니다. [카카오맵]을 터치합니다.

1 SNS소통연구소의 주소와 위치가 보입니다. ① [길찾기]를 실행합니다. **2** ① [자동차]를 터치하면 내비게이션 기능이 작동되고 ② [안내시작]을 터치하면 이동하는 경로를 안내해 줍니다. **3** ① [대중교통]을 선택하고 ② [버스]를 터치하면 버스로만 이동하는 방법과 환승 정보까지 보여줍니다.

1 ① [대중교통]의 ② [지하철]을 선택하니 지하철 노선과 환승 정보를 안내해 줍니다.
2 [카카오T] 기능을 실행합니다. **3** 택시 버스 대리운전 등의 예상 서비스 요금과 방법을 안내해 줍니다.

3. 책갈피

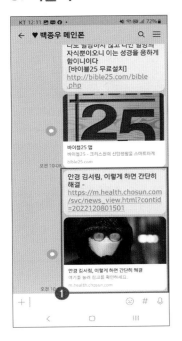 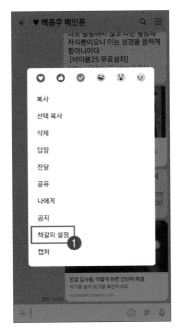 

1 카카오톡 대화방에서 ① [책갈피] 표시를 하고 싶은 글을 길게 누릅니다. 2 보이는 메뉴에서 ① [책갈피 설정]을 선택합니다. 3 우측 하단에 [책갈피]가 설정된 것을 확인할 수 있습니다.

 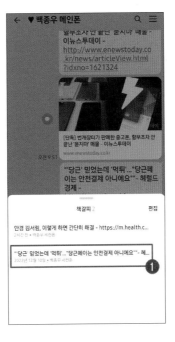 

1 ① 동일한 방법으로 2개 이상의 말풍선에 책갈피를 설정하면 목록이 추가된 모양의 책갈피로 변경됩니다. 2 ① 목록 책갈피를 선택하면 여러 건의 내용을 확인할 수 있습니다. 3 특정 책갈피 를 선택하면 해당 말풍선으로 이동합니다.

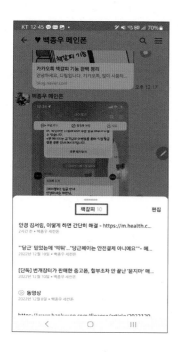

1 책갈피는 10개까지 설정 가능합니다. 2 10개를 초과해서 책갈피를 설정하려고 하면 [책갈피 지정 개수 초과]라는 팝업창이 노출됩니다. 3 ① 이런 경우에는 기존에 책갈피가 설정된 말풍선을 선택해서 길게 누릅니다.

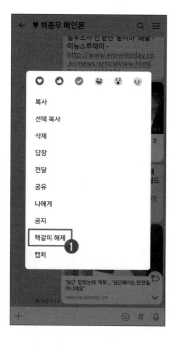

▶ ① [책갈피 해제] 메뉴를 선택해서 해당 말풍선의 책갈피를 해제하면 다른 말풍선에 추가로 [책갈피 설정]이 가능해집니다.

4. 더샵(#)

포털사이트를 통해 검색한 결과를 복사/붙이기를 하지 않고, 카카오톡 대화방 하단 메시지 입력 창에 샵(#)을 통해 바로 검색해서 공유할 수 있습니다.

1 카카오톡 대화방 메시지 입력창 우측의 ① [샵(#)]을 터치합니다. 2 검색창과 함께 추천검색 어가 표시됩니다. ① [날씨]를 터치합니다. 3 ① [날씨]를 선택하면 검색 결과를 보여주고 ② [공유하기]를 누르면 보낼 수 있습니다.

 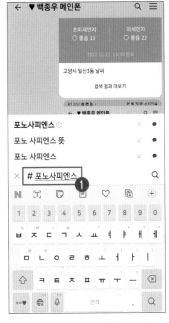 

1 메시지를 받은 대화상대도 ① [검색 결과 더보기]를 통해 바로 연결 가능합니다.
2 ① 원하는 검색어를 입력해서 조회 가능하고 3 ① 원하는 검색어 입력한 후 ② [공유하기]를 통해 대화상대에게 보낼 수 있습니다.

5. 저장공간 관리 - 카카오톡 미디어 파일 삭제

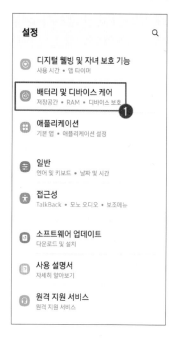
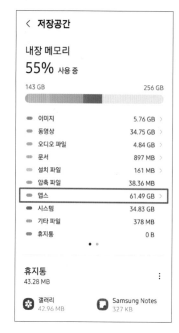

1️⃣ ① [설정] - [배터리 및 디바이스케어] - [저장공간] 메뉴에 들어가면 현재 내 폰의 저장공간 현황을 볼 수 있습니다. 2️⃣ 하단의 [앱스] 메뉴를 터치하면 3️⃣ ① 각 앱들이 차지하고 있는 공간을 확인할 수 있습니다.

1️⃣ ① 개별 카톡방 우측 삼단버튼을 터치해서 [채팅방 서랍]에 입장합니다. 2️⃣ ① 이어서 우측 하단에 [설정]을 터치하고 3️⃣ ① [채팅방 설정] - [전체 파일 모두 삭제]를 누르면 카톡방에서 주고받는 미디어 파일들로 인해 차지했던 공간을 비워서 저장공간을 효율적으로 관리할 수 있습니다.

6. 설정

1 초기화면에서 ① 우측 하단 [점 3개]를 터치합니다. **2** [더보기] 우측 상단 ② [설정]을 터치합니다. **3** [프로필 관리]부터 [공지사항]까지 다양한 메뉴를 확인할 수 있습니다.

1 [프로필 관리]에서 카카오톡 ID를 변경하거나 내프로필 QR코드를 생성할 수 있습니다.
[내프로필 QR코드]는 전화번호를 공개하지 않고 카카오톡 친구를 맺을 수 있습니다.
2 [카카오계정]에서 연락처를 관리하거나 계정 비밀번호를 변경할 수 있습니다.
3 [개인/보안]에서 카카오톡 화면 잠금을 설정하거나 6자리 비밀번호를 변경할 수 있습니다.

1 [친구]에서 친구목록을 새로고침하거나 숨김친구, 차단친구를 관리할 수 있습니다.

2 [화면]에서 글자크기를 조정하거나 배경화면, 화면 방향 설정을 변경할 수 있습니다.

3 [테마]에서 카카오톡 배경화면을 다운로드받아서 변경할 수 있습니다.

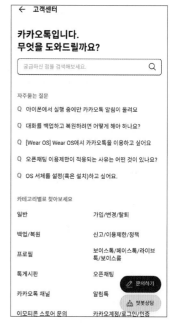

1 [채팅]에서 대화 내용을 백업하거나 사진, 동영상 화질을 변경할 수 있습니다.

2 [실험실]에서 카카오톡의 선택적으로 제공하는 새로운 기능들을 안내해줍니다.

3 [고객센터]에서 카카오톡에 대한 주요 질문과 답변을 제공합니다. 챗봇상담을 통해 문의도 가능합니다.

7. 오픈채팅방

1️⃣ 카카오톡 [채팅] 메뉴에서 ① [방 만들기] 아이콘을 터치합니다. 2️⃣ [새로운 채팅]의 3개 메뉴 중에 ① [오픈채팅]을 터치합니다. 3️⃣ [오픈채팅방 만들기] 메뉴에서 ① [그룹 채팅방]을 터치합니다.

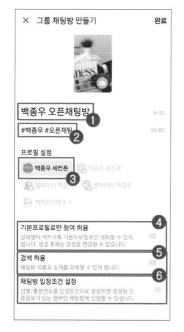

1️⃣ ① 오픈채팅방의 [이름]과 ② [해시태그], ③ [프로필]을 설정하고 ④ 기본프로필로만 참여 허용할지, ⑤ 검색해서 가입하는 것도 허용할지, ⑥ 채팅방 입장조건을 설정할지 등에 대해서도 조건을 선택할 수 있습니다. 2️⃣ 그룹 오픈채팅방의 우측 상단 [메뉴]를 터치합니다
3️⃣ ① [QR코드]를 선택합니다.

1️⃣ ① QR코드를 다운로드받으면 카메라로 인식해서 채팅방에 가입하도록 안내할 수 있습니다.
2️⃣ 오픈채팅방 설정 메뉴에서 ① 화살표 모양을 터치합니다. 3️⃣ [다른 앱으로 공유]를 선택하면 문자, 페이스북, 밴드 등 여러 방법을 통해 채팅방 초대 링크를 전달할 수 있습니다. [메시지]를 터치해서 문자로 보내는 방법을 선택합니다.

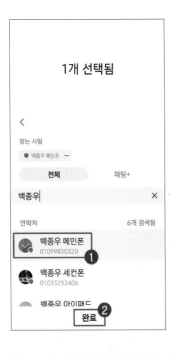
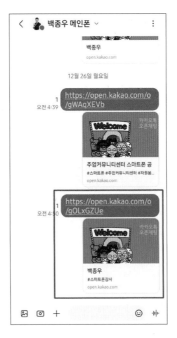

1️⃣ ① 수신자를 선택합니다. ② [완료]를 터치합니다. 2️⃣ 문자로 초대 링크가 전달된 것을 확인할 수 있습니다. 3️⃣ 채팅 목록 우측에 ① [설정] - ② [전체 설정]을 터치합니다.

1️⃣ [설정] 메뉴의 ① [채팅]을 터치합니다.

2️⃣ ① [오픈채팅 목록 분리]를 선택합니다.

3️⃣ 일반 단체방과 오픈채팅방을 구분해서 볼 수도 있습니다.

8. 톡서랍 서비스

카카오에서 제공하는 [톡서랍 플러스]는 월 2,200원의 요금으로 카카오톡의 데이터를 관리할 수 있는 구독형 서비스로 현재 60만 명 정도의 소비자가 이용 중입니다. 내 폰에 저장된 연락처와 함께 내가 백업을 원하는 카톡방의 데이터만 자동으로 보관할 수 있어서 시간이 지나도 주고받은 파일 등을 손실 없이 관리할 수 있습니다.

1️⃣ [카카오톡]의 ① [더보기] 메뉴에서 ③ [톡서랍]을 터치합니다.

2️⃣ ① [톡서랍 플러스 구독하기]를 터치합니다.

3️⃣ [모두 동의하기] 체크하고 ① [톡서랍 플러스 구독하기] 터치합니다.

▶ 톡서랍 플러스에서 제공하는 서비스는 다음과 같습니다.

1. 원하는 채팅창만 골라서 보관 가능!

2. 카카오톡 데이터를 편리하게 자동 보관!

3. 언제 어디서나 원하는 파일을 톡서랍에 직접 업로드 가능!

4. "자동 분류"로 똑똑하게, "태그"로 간편하게 완료

5. "폴더" 기능으로 차곡차곡 정리

6. 원하는 데이터를 쉽고 빠르게 검색

7. 협업에 최적화된 팀 채팅! 자주 잊는 비밀번호를 톡 패스워드로 자동 입력

1️⃣ 데이터 자동 백업 등 자세한 기능에 대해 화면을 보시고 따라 하시면 크게 도움이 될 겁니다.

2️⃣ ① 언제 어디서나 원하는 파일은 톡서랍에 직접 업로드! ② 내 카카오톡 데이터도 "자동분류"로 똑똑하게 "태그"로 간편하게!

3️⃣ ① '중요' 기능으로 표시해두었다가 '폴더' 기능으로 차곡차곡 정리해보세요. ② 원하는 데이터를 쉽고 빠르게 검색!

1️⃣ ① 협업에 최적화된 팀채팅! ② 자주 잊는 비밀번호는 톡 패스워드로 자동입력!

9. 카카오페이 / 멤버십

카카오페이는 카카오에서 출시한 간편결제서비스로 2014년 9월에 출시하였습니다. 통신사 단말기 운영체제(OS)와 상관없이 이용 가능해서 접근성이 좋고 휴대전화, 카드, 멤버십 등 실생활과 밀접한 영역에서 다양하게 쓰이는 서비스입니다. 2022년 현재 카카오페이 누적 가입자 3788만 명으로 우리나라의 앱 이용자 수로는 단연 국내 1위인 서비스입니다.

 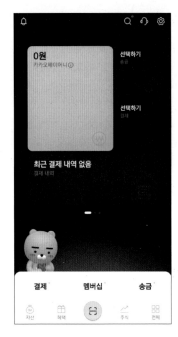 

1등 비서! 스마트폰 제대로 활용하기!

1️⃣ [play스토어]에서 [카카오페이]를 검색해서 설치 후 ① [열기]를 터치합니다. 처음 사용하시는 분들은 인증절차를 화면에 나오는 순서대로 진행하셔야 합니다.
2️⃣ [결제, 멤버십, 송금] 등의 주요 메뉴를 확인할 수 있습니다. [결제] 메뉴에서는 카카오페이 머니를 통해 온오프라인 가맹점에서 결제가 가능합니다.(캡처 불가)
3️⃣ ① [전체서비스] 메뉴의 ② [신용관리]에서 본인의 신용점수 확인도 가능합니다.

memo

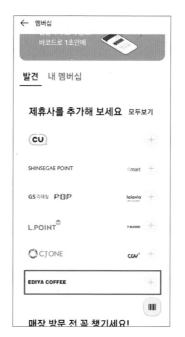
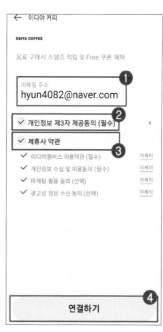

1️⃣ [멤버십] 메뉴에서는 1개의 바코드로 제휴사의 적립 서비스를 한꺼번에 처리가 가능합니다. 기존에 해피포인트 멤버십이 등록된 바코드에 이디야 멤버십을 추가해 보겠습니다. 2️⃣ [이디야 커피]를 선택합니다. 3️⃣ ① [이메일 주소]를 입력하고 ② [개인정보 제3자 제공동의 (필수)], ③ [제휴사 약관] 체크를 합니다. ④ [연결하기]를 터치합니다.

1️⃣ 이디야커피 멤버십이 추가된 것을 확인할 수 있습니다. 2️⃣ [송금] 메뉴에서는 계좌번호를 아는 경우 ① [계좌송금] 메뉴를 통해 이체가 가능합니다. 카카오톡 친구인 경우에는 [친구송금]을 통해 이체 가능하고, 1/N 정산은 여러 명이 분담을 하는 경우 이용 가능합니다. 3️⃣ [송금]을 한 화면입니다.

1. 사진 인화하기

1 [퍼블로그] 첫 페이지 상단에서 ① [사진 인화]를 터치하고 ② 인화하고 싶은 사진 종류를
선택하여 [시작하기]를 터치합니다. 증명사진을 한번 선택해 보겠습니다. **2** 증명사진 인화 서
비스를 업데이트합니다. **3** ① 증명사진 종류를 선택하고 ② 상단의 우측 화살표를 터치하여 다
음으로 진행합니다.

1 내 갤러리에서 사진을 선택하여 불러온 후 [저장하기]를 터치합니다. **2** 증명사진에 맞지 않
는 배경은 꼭 수정하여 주문해야 합니다. **3** 각 증명사진 규격에 맞춰 촬영된 사진으로 주문해야
합니다.

1️⃣ 추가 주문을 하거나 없다면 장바구니로 이동합니다.
2️⃣ 주문할 상품을 선택하고 [주문하기]를 터치합니다.
3️⃣ 업로드가 완료되면 [확인]을 터치합니다.

1️⃣ 결제창에서 [주문자]와 [배송지]를 입력합니다.
2️⃣ 결제 수단을 선택하고 [결제하기]를 터치합니다.
3️⃣ 다음을 터치하여 결제를 진행합니다.

2. 포토북 만들기

1 [Play스토어]에서 ① [퍼블로그]를 검색하고 [퍼블로그 사진인화 포토북 달력만들기]를
터치하여 설치 후 ② [열기]를 합니다. 2 [퍼블로그] 실행을 위해 [확인]을 터치하고
3 [허용]을 터치하여 진행합니다.

1 홈화면에서 상단에 있는 [포토북]을 선택합니다. 2 아래에서 위로 스크롤하여 다양한 디자
인을 검색하여 [포토북 시작하기]를 터치합니다. 3 포토북의 ① [사이즈]를 선택합니다.
② [커버] 종류를 선택합니다. ③ [내지]를 선택합니다.

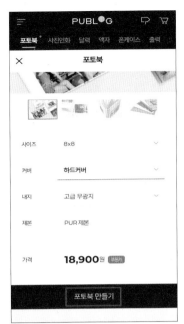

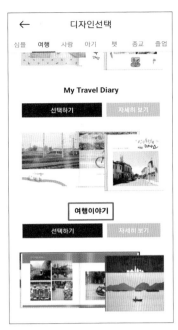

1️⃣ 포토북 기본선택이 끝난 후 [포토북 만들기]를 터치합니다.

2️⃣ 여러 디자인 카테고리 중 [여행]을 터치합니다.

3️⃣ 아래에서 위로 스크롤 하여 디자인을 검색한 후 [여행이야기]를 선택합니다.

1️⃣ [만들기]를 시작합니다.

2️⃣ 배경 템플릿이 업데이트되고 있습니다.

3️⃣ 사진 파일이 열리면 원하는 사진을 선택합니다.

1 사진 선택이 끝나면 상단 우측 화살표를 터치하여 다음 단계로 진행합니다. 2 자동편집을 진행합니다. 3 편집내용이 저장된 후 ① [계속 편집]을 선택하거나 ② [장바구니]로 이동합니다.

1 주문상품을 선택한 후 [주문하기]를 터치합니다.
2 [확인]을 눌러 파일을 전송합니다.
3 사진 업로드가 완료되면 [확인]을 눌러 결제창으로 넘어갑니다.

1 [주문자]를 입력하고 [배송지]도 입력합니다.

2 결제수단을 선택하고 [결제하기]를 터치합니다.

3 금액을 확인하고 [결제하기]를 터치합니다.

스마트폰활용지도사가 즐거운 대한민국을 만들어 갑니다!

memo

3. 달력 만들기

1 퍼블로그 홈 화면에서 ① 상단의 [달력]을 선택하고 아래에서 위로 스크롤 하여 ② 달력의 종류를 선택하고 [시작하기]를 터치합니다. **2** 달력의 크기를 선택하고 [만들기]를 터치합니다.
3 디자인은 두 가지가 있으며 내가 직접 디자인하는 것과 만들어진 디자인 중 하나를 선택합니다.

1 시작 월, 용지 종류, 사이즈, 페이지 수 등을 선택합니다.
2 레이아웃 되고 있습니다.
3 갤러리에서 사진을 선택합니다.

1️⃣ 1월부터 12월까지 각 달에 어울리는 사진을 선택한 후 우측 상단의 화살표를 터치하여 다음으로 진행합니다. 2️⃣ 템플릿에 업데이트되고 있습니다. 3️⃣ 사진 자동편집 기능을 현재 페이지 또는 전체 페이지에 적용합니다.

1️⃣ [저장하기]를 터치합니다.
2️⃣ 저장된 파일을 장바구니로 이동합니다.
3️⃣ 장바구니에서 상품을 선택한 후 [주문하기]를 터치합니다.

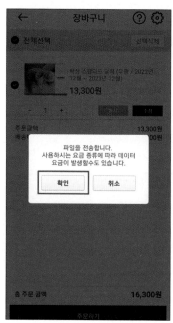

1️⃣ 파일을 전송하기 위해 [확인]을 터치합니다.

2️⃣ 결제창에서 [주문자]와 [배송지]를 입력합니다.

3️⃣ 결제 방법을 선택하고 [결제하기]를 터치합니다.

memo

16강 스마트폰 하나면 나도 스마트한 비즈니스맨

1. 샌드애니웨어(1:1로 용량에 상관없이 상대방에게 자료 전송하고 싶은 경우)

1️⃣ [Play 스토어]를 터치합니다. 2️⃣ ① 검색창에 [샌드애니웨어]를 입력합니다. ② [샌드애니웨어]를 터치하여 설치합니다. 3️⃣ [샌드애니웨어]를 실행하기 위해 [열기]를 터치합니다.

1️⃣ ① [이용 약관]에 동의합니다. ② [확인]을 터치합니다. 2️⃣ [샌드애니웨어]는 파일을 전송하고 저장하기 위해 권한 허용을 요청합니다. [다음]을 터치합니다. 3️⃣ [샌드애니웨어]에서 기기의 사진 및 미디어에 액세스하도록 [허용]을 터치합니다.

1️⃣ [샌드애니웨어] 다양한 파일 형식을 선택하여 전송할 수 있습니다.

2️⃣ ① 예로 [사진]을 선택합니다. ② 전송할 사진을 선택한 후 ③ [보내기]를 터치합니다.

3️⃣ ① 보내는 기기에서 [숫자 6자리]가 생성되며 받는 기기에서 [받기]를 터치하고 입력창에 [숫자 6자리]를 입력하면 사진이 전송이 됩니다. ② [QR코드]를 스캔하여 파일을 다수의 인원이 동시에 전송받을 수 있습니다. ③ [링크 공유]는 파일 링크 주소를 받은 사람들이 파일을 다운받을 수 있습니다.

1️⃣ 보낼 파일을 전송하기 위해 [확인]을 터치합니다.

2️⃣ ① [전송내역] 탭에서 ② 파일 전송 결과를 확인할 수 있습니다.

3️⃣ 링크 공유를 통한 파일전송은 로그인이 필요합니다. [확인]을 터치합니다.

1등 비서! 스마트폰 제대로 활용하기!

 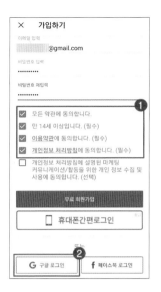 

1 ① [샌드애니웨어]는 [구글 로그인]과 [페이스북 로그인]을 지원하므로 선택하여 사용할 수 있으며, ② 구글 아이디나 페이스북 아이디가 없어도 [무료 회원가입]이 가능합니다.

2 ① 로그인하기 위해서 [약관]에 동의한 후 ② [구글 로그인]을 터치합니다.

3 나타난 계정을 터치합니다.

1 링크 주소 생성을 위해 터치를 합니다. **2** ① 링크 주소가 생성되었습니다. 주소를 길게 터치해서 복사를 합니다. ② 클립보드에 링크 주소가 복사되었다는 메시지가 보이며, 바로 메신저 채팅방 등에 주소를 [붙여넣기]하여 전송할 수 있으며, 주소를 받은 사람은 주소를 터치하여 전송을 받을 수 있습니다.

■ PC에서 샌드애니웨어 사용하기

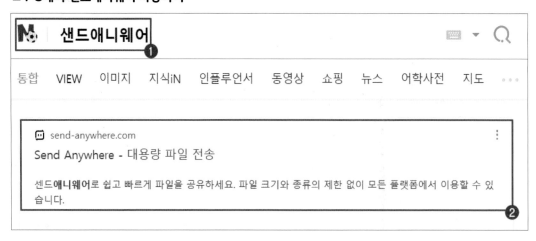

▶ 스마트폰에 있는 파일을 전송받기 위해 PC에서 [네이버 검색창]에 ① [샌드애니웨어]를 입력하여 검색합니다. ② [Send Anywhere]를 클릭합니다.

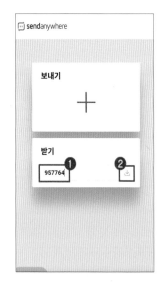

1️⃣ [샌드애니웨어]가 실행되며, [받기]의 입력창을 클릭합니다.
2️⃣ 스마트폰에서 [샌드애니웨어]를 실행한 후 전송할 파일을 선택하여 [보내기]를 터치해 생성된 ① [숫자 6자리]를 입력하고 ② 클릭합니다.
3️⃣ 화면 아래에 있는 [전송받은 파일]을 클릭하면 내용을 확인할 수 있습니다.

2. 모바일팩스

▶ 스마트폰에서 팩스문서를 간편하게 송수신하는 팩스 어플입니다.

▶ 팩스 보내려고 관공서, 관리소, 부동산을 찾으시나요?

▶ 스마트폰으로 모바일팩스를 쉽고 빠르게 보낼 수 있습니다.

1️⃣ [Play스토어]에서 [모바일팩스]를 검색합니다. 2️⃣ [설치]를 터치합니다. 3️⃣ [열기]를 터치합니다.

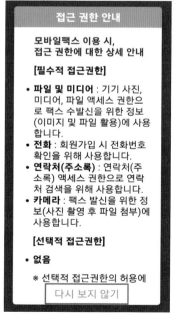  

1️⃣ [모바일팩스] 이용 시 접근 권한에 대한 상세 안내입니다. [다시 보지 않기]를 터치합니다.
2️⃣ [앱 사용 중에만 허용]을 눌러줍니다. 3️⃣ [허용]을 3번 터치합니다.

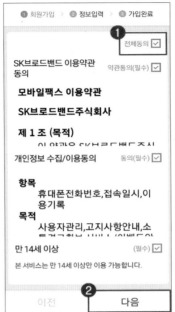

1 [모바일팩스] 앱 제거 시 팩스 문서도 삭제되므로 제거 전에 백업하라는 메시지입니다. [확인]을 터치합니다. 2 ① [전체동의]를 선택하고 ② [다음]을 터치합니다. 3 ① [신규가입]을 선택하고 ② [다음]을 터치합니다.

1 ① 사용할 [팩스번호]를 선택하고 ② [다음]을 터치합니다. 2 연락처 변경 [아니오] 또는 변경을 터치 변경합니다. 3 사용할 팩스번호가 나옵니다. [확인]을 터치합니다.

1 [모바일팩스] 작업 창이 나옵니다. **2** [모바일팩스] 화면구성입니다. [팩스발송]은 팩스
보낼 때 사용합니다. **3** [발송내역]은 팩스가 보내지고 있는 과정을 볼 수 있습니다.

1 ① [더보기(SK brodband)]를 터치하면 하단에 ② [내 모바일 팩스번호]가 나옵니다.
2 [수신내역]은 모바일팩스가 오면 숫자로 나타납니다. **3** [보관함]은 수신된 팩스를 보관합
니다. 안드로이드 보안정책 변경으로 지금은 보관이 안 되고 있습니다.

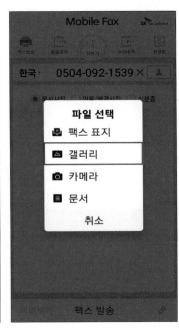

1 [모바일팩스] 발송을 해 보겠습니다. ① [팩스발송]을 터치하고 ② [팩스번호]를 입력합니다. ③ [완료]를 터치합니다. 2 [사진/문서 첨부]를 터치합니다. 3 파일 선택 목록에서 [갤러리]를 터치합니다.

1 [메뉴]를 터치합니다. 2 목록에서 [갤러리]를 터치합니다. 3 ① 스캔한 [사진 또는 문서] 이미지를 선택하고 ② [완료]를 터치합니다.

  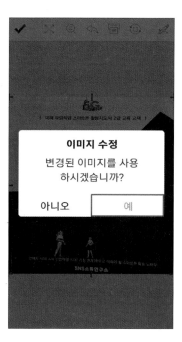

1️⃣ [선택된 영역] 경계선 상/하/우측/모서리를 원하는 만큼 늘립니다. 2️⃣ [확인]을 터치합니다.
3️⃣ 이미지 수정 [예]를 터치합니다.

 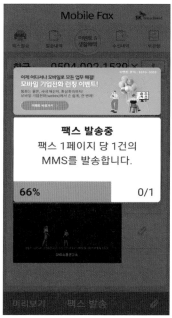 

1️⃣ 클립을 터치해서 팩스를 더 추가할 수 있습니다. [팩스 발송]을 터치합니다.
2️⃣ 팩스가 [발송 중]입니다.
3️⃣ 잠시 후에 ① [발송내역]을 터치합니다. 모바일팩스가 ② [발송완료] 되었다고 나옵니다.

1 [모바일팩스]를 받아 보도록 하겠습니다. 수신내역에 숫자가 있습니다. [수신내역]을 터치합니다. 2 [년/월/일/시]를 터치합니다. 3 ① [팩스]가 도착했습니다. ② [확인]을 터치합니다.

  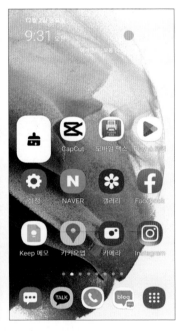

1 [뒤로]를 터치합니다. 2 모바일 팩스를 종료합니다. [확인]을 터치합니다. 3 스마트폰 홈화면입니다.

3. vFlat

▶ 책, 문서, 메모 등 스마트폰으로 촬영한 이미지를 고화질 PDF 또는 JPG 이미지로 만들어주는 인공지능 스캐닝 어플입니다.

▶ 스캔 영역 자동 인식 기능
스캔할 문서나 책 페이지의 테두리를 자동으로 인식하고 자르고 보정합니다.

▶ 문자 인식 기능 (OCR)
문자 인식 기능으로 스캔한 이미지를 텍스트로 변환할 수 있고 그 텍스트를 복사해서 친구나 동료에게 간편하게 공유할 수 있습니다.

▶ PDF 파일로 내보내기 기능
스캔한 이미지를 PDF파일로 변환하고 보관할 수 있습니다.

▶ 책 스캔 기능
페이지의 곡면을 자동으로 보정하고 손가락을 지워줍니다.
두 페이지 촬영 모드에서 좌우 페이지를 한 번에 촬영하고 분할하여 저장할 수 있습니다.

① [Play스토어]에서 [vflat]을 검색합니다. ② [설치]를 터치하고 ③ [열기]를 터치합니다.

  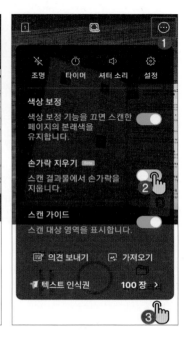

1 [vflat] 스캐너 화면구성입니다. [페이지 아이콘]은 1, 2페이지, 자동 스캔을 할 수 있습니다. **2** [자동 스캔]은 자동으로 스캔을 해줍니다. **3** ① [더보기]는 더 많은 기능들이 있습니다. 여기서 ② [손가락 지우기] 버튼을 켜주고 ③ [배경]을 터치합니다. 손가락 지우기는 스캔 시 손가락이 보일 때 손가락을 자동으로 삭제해 줍니다.

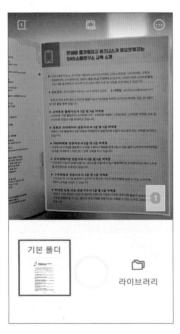 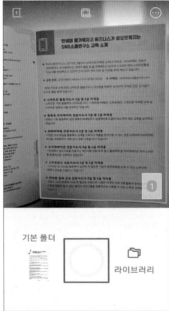 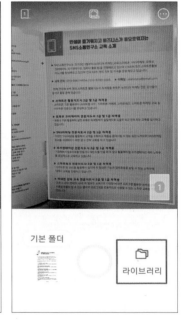

1 스캔하면 [기본 폴더]에 자동으로 보관됩니다. **2** [스캔 카메라]는 스캔할 때 사용합니다. **3** [라이브러리]는 스캔한 자료들을 보관합니다.

스마트폰활용지도사가 즐거운 대한민국을 만들어 갑니다!

1️⃣ 스캔을 해보도록 하겠습니다. [책 또는 문서]를 비춥니다. 2️⃣ 인공지능이 굴곡진 부분도 인식
합니다. [스캐너] 카메라를 터치합니다. 3️⃣ 기본 폴더 아래 [미리보기 이미지]를 터치합니다.

1️⃣ 기본 폴더로 저장이 되었습니다. [텍스트 인식하기]를 터치합니다. 2️⃣ ① [이미지]는 사진으
로 인식됩니다. ② 자르기, 공유하기, PDF 만들기, 삭제하기, 더보기 기능을 활용할 수 있습니다.

1 스캔된 이미지를 PC로 공유해 보도록 합니다. [공유하기]를 터치합니다.

2 [PC로 보내기]를 터치합니다.

3 PC 브라우저에서 [https://send.vflat.com/pc]로 접속합니다.

▶ ① PC 브라우저 주소표시줄에 [send.vflat.com/pc]를 입력하고 키보드 엔터 칩니다.

　② [큐알코드]가 생성됩니다.

1 스마트폰 vflat으로 PC 브라우저 큐알코드에 비추면 [연결 중입니다...] 나오고

2 [연결되었습니다]라는 메시지가 나옵니다.

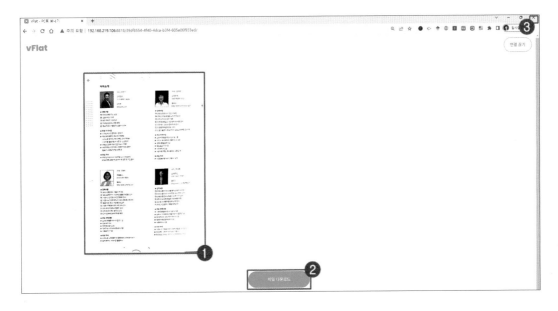

▶ ① PC 브라우저에 스캔된 [이미지]가 나옵니다.
　② [파일 다운로드]하고 ③ [닫기] 클릭합니다.

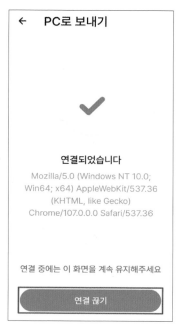

1등 비서! 스마트폰 제대로 활용하기!

1️⃣ 스마트폰 vflat [연결 끊기]를 터치합니다. 2️⃣ [뒤로] 5번 정도 터치합니다.

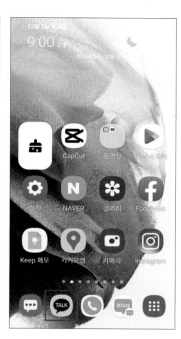

1️⃣ 스캔된 텍스트를 복사해서 카카오톡에 전송해 보겠습니다. 기본 폴더 아래 [미리보기 이미지]를 터치합니다. 2️⃣ ① [텍스트]를 선택하고 ② [모두 복사]를 터치하고 ③ [홈버튼]을 터치합니다. 3️⃣ [카카오톡]을 터치합니다.

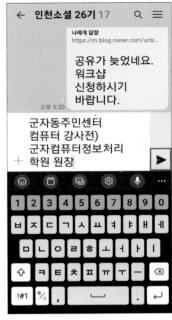

1 기본 폴더 아래 ① [채팅]을 터치하고 ② [단체방]을 터치합니다.

2 ① [텍스트 창]을 꼭 눌렀다가 떼고 ② [붙여넣기]를 터치합니다.

3 [전송하기] 터치합니다.

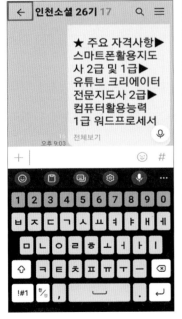
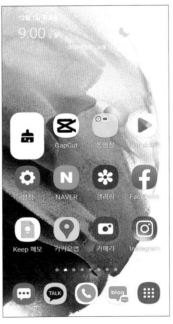

1 [뒤로]를 2번 정도 터치합니다. 2 [스마트폰 홈화면]이 나옵니다.

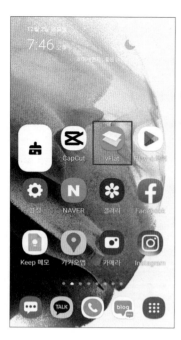

1 스캔된 이미지로 PDF 만들기를 해보겠습니다. 스마트폰 화면에서 [vFlat]을 터치합니다.

2 작업 창 하단에 [라이브러리]를 터치합니다.

3 ① [PDF 만들기]를 터치하고 ② [기본 폴더]를 터치합니다.

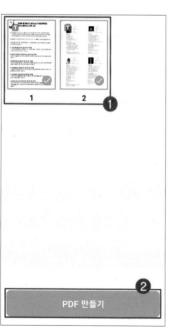
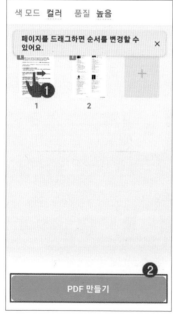
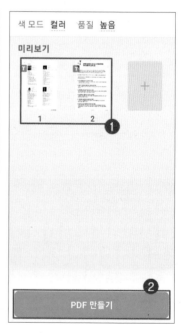

1 ① [PDF 만들 이미지]를 터치하고 ② [PDF 만들기]를 터치합니다.

2 ① 작업 창 하단에 [페이지]를 우측으로 또는 좌측으로 드래그하고 ② [PDF 만들기]를 터치합니다. 3 ① 페이지 순서가 바뀌었습니다. ② [PDF 만들기]를 터치합니다.

1️⃣ [파일 열기]를 터치합니다.
2️⃣ [드라이브]를 터치합니다.
3️⃣ ① [PDF 문서]가 열립니다. ② [뒤로] 3번 터치합니다.

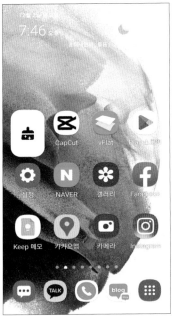

1️⃣ [홈버튼]을 터치합니다. 2️⃣ [스마트폰 화면]이 나옵니다.

대한민국을 넘어
전 세계가 스마트해지는 그날까지
디지털 콘텐츠 그룹이 함께 합니다!